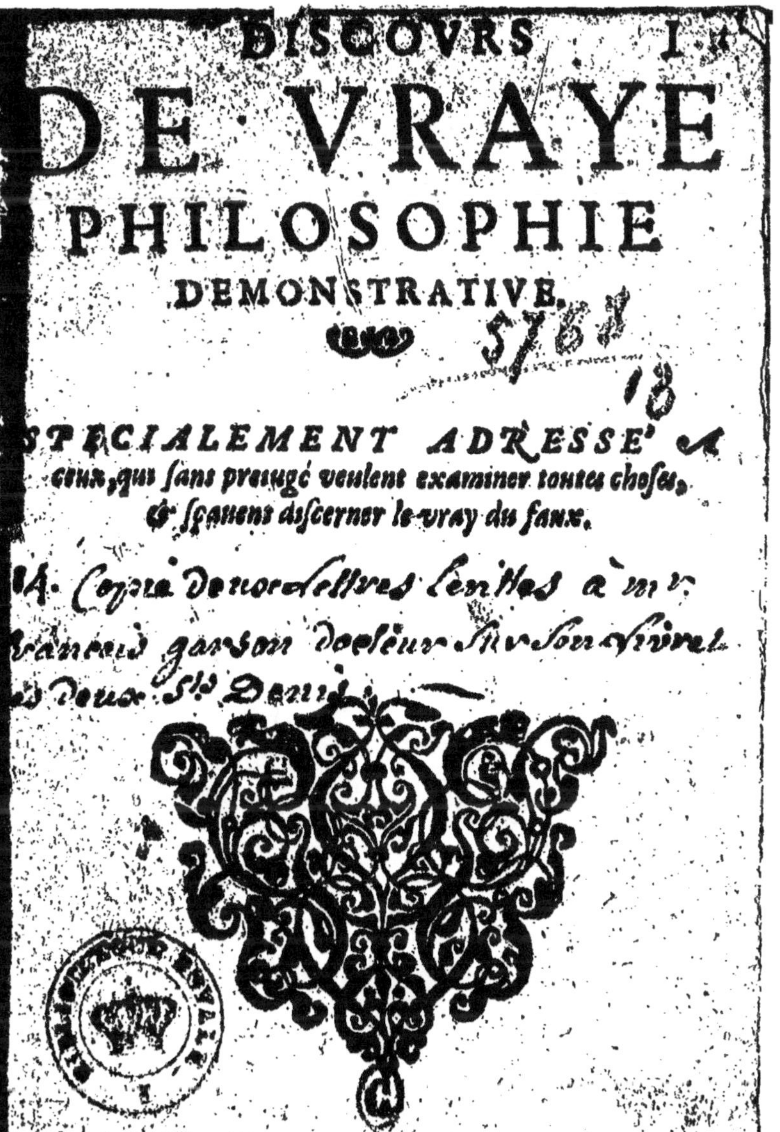

DISCOVRS

DE VRAYE PHILOSOPHIE DEMONSTRATIVE,

SPECIALEMENT ADRESSE' A ceux, qui sans preiugé veulent examiner toutes choses, & sçauent discerner le vray du faux.

M. DC. XXVIII.

PREVVE DEMONSTRATIVE que toute chose terminée est corps composé.

Chapitre I.

POVRCE que les opposez expliquez les vns pres des autres sont distinguez plus clairement, c'est pourquoy deuant que l'assertion posée soit demonstrée, il faut noter quelques choses des termes d'icelle & de leurs opposez. Les opposez ne peuuent estre veritablement & affirmatiuement attribuez les vns aux autres, entre lesquels ceux la sont principalement opposez, lesquels on appelle contradictoires, parce qu'ils sont opposez sans aucun milieu, tels sont le non corps & corps; car le non corps n'est pas corps, & le corps n'est pas non corps où l'estre non corporel : car toute chose terminée est corps composé, comme il sera demonstré cy apres. Nous ne pouuons comprendre vrayement & proprement que c'est que non corps où l'estre non corporel, parce que nous sommes terminez, c'est pourquoy tout ce que nous comprenons où entendons nous le comprenons estre terminé, ce qui se faict ainsi aux autres intelligens terminez : or le non corps n'est pas terminé. C'est pourquoy le non corps ne peut estre entendu affirmatiuement & proprement par quelque chose terminée: mais seulement ce qu'il n'est pas, asçauoir qu'il n'est pas quantité où quantitatif, qu'il est, mais non estendu, non terminé, non composé, non occupant lieu, par consequent qu'il n'a aucunes parties, où qu'il est non diuisible: mais nous sçauons que tout corps composé est quantitatif, estendu, occupant lieu & terminé, parce qu'il à de vrayes parties composées, par consequent il peut estre diuisé à l'infini en parties quantitatiues.

Le rien n'est pas chose, & quelque chose n'est pas rien.

Vne seule chose est simple, & tout autre composée.

La simple, c'est à dire non composée est non terminée, & la puissance motrice de toutes choses terminées laquelle ne depend d'aucune chose: mais toute chose composée depend de la simple non finie, où non terminée.

Les choses composées sont innombrables.

Toute chose composée est terminée posterieure à la simple.

Corps composé est vne chose longue, large & profonde terminée, car tout corps composé est terminé, & tout corps terminé est composé.

Terme est l'extremité de quelque chose.

L'extremité de quelque chose est partie d'icelle, comme l'extremité d'vn baston est partie du baston, l'extremité de la ligne est partie de la ligne, l'extremité de l'Ange est partie de l'Ange, & ainsi de toutes les autres choses terminées; car partie est vne chose terminée vnie a vne autre, qui est partie de ce tout.

Toute partie de corps est corps terminé quelque petite qu'elle soit, comme le pied d'vn ciron est corps terminé, vn petit point faict auec la plume sur du papier est corps terminé, & aussi le plus petit point que l'homme sçauroit imaginer, qu'on appelle point mathematic, est corps terminé où chose terminée, combien que sa longueur, largeur & profondeur soyent fort petites, car il n'y à qu'vne seule chose qui soit veritablement non terminée, qui est le moteur non mobile. Il y à donc de grands moyens,& petits corps, & y en à de si grands que l'homme ne les sçauroit mesurer.

Toute chose terminée est terminée de tous costez.

Entre les extremitez & le centre est la partie du milieu.

Toute chose terminée est composée, tout ce qui est composé est composé de parties, & toute partie est composée: car toute partie est terminée.

Tout ce qui est composé de parties composées à l'infiny est corps composé.

Or toute chose terminée est composee de parties composées à l'infini.

Donc toute chose terminée est corps composé.

Aucun corps terminé n'est simple, combien qu'il y ait plusieurs sortes de corps composez: car les vns sont visibles comme la terre, l'eau,& la lumiere; les autres sont inuisibles que nous ne pouuons voir parce qu'ils sont trop rares & subtils, comme l'Ange, l'ame de l'homme, la partie des cieux sous le firmament qui n'est point estoille, l'air,& le vent.

Le tout composé est toutes ses parties, & toutes ses parties sont le tout composé, c'est à dire c'est vne mesme chose.

Lieu est l'espace dans lequel sont tous les corps terminez.

Aucun corps terminé n'est par tout ; mais la chose simple est par tout en toutes choses terminées.

Chasque corps terminé occupe lieu selon sa quantité où selon qu'il est grand.

Le nom terminé & le terminé sont opposez contradictoirement, parce qu'ils ne peuuent estre veritablement & affirmatiuement attribuez l'vn à l'autre, car le non terminé n'est point terminé, & le terminé n'est point non terminé.

Toute façon de parler figuree & impropre doit estre expliquée par vne propre, afin que la verité soit manifestée.

Quantité, quantitatif, & quante ne sont autre chose que grandeur, où estendue, où corps, qui est longueur largeur & profondeur où espaisseur.

Toute fin est terme où extremité, combien que tout terme & extremité ne soyent pas fin, parce que le mot de fin proprement prins est opposé au principe, toutesfois le fini & le terminé sont vsurpez pour mesme chose; cõme l'infini, l'interminé, le non fini & le non terminé sont prins pour le mesme, comme quand nous disons que Dieu est infini & interminé nous entendons qu'il est non fini & non terminé, c'est à dire qu'il n'a point de termes où de principe & de fin. Au reste, l'infini quelquefois signifie innombrable, comme quand nous disons qu'en la ligne il y à des points mathematics infinis, & que les grains de sable qui sont au riuage de la mer sont infinis, nous n'entendons pas non finis, mais innombrables : c'est pourquoy quand nous disons que Dieu est non fini nous parlons plus proprement, que quãd nous disons que Dieu est infini, cõbien que ceste posterieure façõ de parler soit plus envsage.

Ces choses estant ainsi posées. Premierement, te

prouue qu'aucune chose terminée n'est simple, mais composee. Ce qui est simple est non terminé : or aucune chose terminee n'est non terminée : donc aucune chose terminee n'est simple. Ie prouue la majeure : ce qui n'a aucune partie est non terminé : or ce qui est simple n'a aucune partie : donc ce qui est simple est non terminé. La mineure de ce Syllogisme est claire & le medium *n'a aucune partie* signifie *est n'ayant aucunes parties*. Ie prouue la majeure. Ce qui n'a aucun terme est non terminé : or ce qui n'a aucune partie n'a aucun terme, parce que les termes de la chose sont parties d'icelle : donc ce qui n'a aucune partie est non terminé. La mineure n'est point vicieuse, car ce qui n'a point de termes n'a point de parties. Desquelles choses il s'ensuit qu'aucune chose terminée n'est simple, ains composee, c'est à dire qu'elle à de vrayes parties : dõc toute essence terminee soit qu'elle soit de l'Ange, soit de quelque ame que ce soit, soit de quelque accident que ce soit à de vrayes parties diuerses.

Secondement, ie prouue que toute chose terminee est corps composé. Tout ce qui est long, large, & profond, & à des parties est corps composé : or toute chose terminee est longue large & profonde, & à des parties : donc toute chose terminee est corps composé. La majeure est vraye, car tout ce qui est long, large, & profond est estendu de tous costez & quantitatif & s'il est terminé il est composé. Ie prouue la mineure, tout ce qui est composé selon toutes les differences de situation est long, large, & profond, & à des parties : or toute chose terminee est composee selon toutes les differences de situation : donc toute chose terminee est longue large & profonde, & à des parties. La majeure est hors de controuerse, parce que tout ce qui est composé selon toutes les differances de situation est composé selon sa longueur, largeur, & profondeur. Ie prouue ainsi la mineure. Tout ce qui à des termes selon toutes les differences de situation : est cõposé selon toutes les differences de situation : or toute chose terminee à des termes selon toutes les differences de situation: donc toute chose terminée est composee selon toutes les differences de situation. La majeure est claire & sera plus claire cy apres. Ie prouue la mineure. Ce qui à des termes de tous costez a des termes selon toutes les differences de situation : mais toute chose terminee à des termes de tous costez: donc toute chose terminee à des termes selon toutes les differences de situation, La majeure est vraye, parce que tout ce qui a des termes de tous costez les à selon toutes les differences de situation, lesquelles nous imaginons eu esgard a nous, asçauoir deuant, derriere, haut & bas, à droict & à gauche ; car les mots *de tous costez*, signifient *toutes les differences de situation*, & ainsi aucune chose terminee n'a aucuns termes au mesme & propre lieu: car ce qui est distinct de situation est distinct de lieu propre ; mais tout ce qui est tel est corps composé ou quantité composee. Or que le terme où l'extremité d'vn tout soit partie d'iceluy, ie le prouue par deux raisons. La premiere est. Tout ce qui est vne chose terminee vnie à vne autre qui est de ce tout est partie de ce tout: mais tout terme est vne chose terminee vnie à vne autre, qui est de ce tout: donc tout terme est partie de ce tout: pour exemple le terme où extremité d'vn baston est vne chose terminee vnie à l'autre partie du baston & est vne partie de ce tout, que nous appellons baston : ainsi l'extremité du papier qui est vne chose de ce papier est partie du papier : ainsi l'extretremité de l'Ange est partie de l'Ange: ainsi l'extremité de la ligne est partie d'icelle, & ainsi de toutes les autres choses terminees: Que le terme soit vne chose terminee il appert, veu que ce n'est pas rien, ny chose non terminee ou non finie, qui est vnique, à sçauoir le moteur non mobile; donc le terme est vne chose terminee ou composee de parties composées à l'infiny. La seconde raison. Toutes choses esquelles le tout terminé peut estre diuisé sont parties du tout terminé: or tous les termes sont choses esquelles le tout terminé peut estre diuisé: donc tous les termes sont parties du tout terminé. La maieure est claire. Ie declare la mineure. Le tout terminé peut estre diuisé en ses termes & la partie du milieu, comme la ligne peut estre diuisee en ses termes & la partie du milieu, ainsi de l'Ange & de toute autre chose terminee: donc le terme d'vn tout est partie de ce tout. Il est bien vray que le terme n'est pas partie de la partie à laquelle il est vny, comme la teste n'est pas partie du col, mais elle est partie du tout que nous appellons homme: Il est bien vray encore que le terme vny a vn tout qui n'est pas de ce tout, n'est point partie de ce tout, pour exemple l'air qui touche ce papier n'est pas partie de ce papier, parce que c'est vne chose adiacente au papier qui n'est pas du papier: car partie est vne chose terminee d'vn tout terminé vnie a vne autre terminee qui est de ce tout: que si elle est separée de l'autre partie nous pouuons dire à tout le moins que ce n'est plus vne partie conjointe: Or il est icy question d'vne partie conjointe à l'autre, ou autres qui sont le tout composé, car il est question si terme ou extremité d'vn tout est partie de ce tout. Que tous les termes de la chose soiens parties quantitatiues d'icelle, il peut estre declaré plus amplement : car aucun terme de la chose n'est partie essentielle non quantitatiue, mais quantitatiue & essentielle, parce que c'est vne chose terminee vnie à l'autre terminee ; & quelque partie quantitatiue que ce soit de la chose est partie essentielle d'icelle, parce que c'est vne chose terminee de l'essence terminee ; car l'essence terminee, la chose terminee, le corps finy, le corps terminé, le corps composé, & la quantité terminee, signifient entierement vne mesme chose, ainsi toute l'essence de l'Ange n'est autre chose que tout l'Ange, ainsi l'essence de la lumiere n'est autre chose que la lumiere, & ainsi toute vraye partie essentielle d'vn tout est quantité terminee. Car premierement le genre & la difference sont quantité terminee, soit qu'ils soient des pensees, ou des choses finies representees par ces pensees, parce qu'ils sont terminez de tous costez : En apres si le gēre & la difference sont prins pour vne chose terminee representee par des pensees, desquelles l'vne s'appelle genre, & l'autre difference qui represente toute la chose, ils ne sont pas parties diuerses d'vn mesme indiuidu, mais vne mesme chose, c'est pourquoy en ce sens le genre est vrayement & proprement attribué à sa difference, comme ce corporel est ce corps, car aucune partie n'est vrayement, proprement & affirmatiuement attribuee à l'autre partie, comme le pied n'est pas la teste, vn terme n'est pas vn autre terme. Secondement, l'essence & l'existance d'vne mesme chose ne sont pas parties diuerses de cette chose, ains vne mesme chose : car l'essence d'vne chose est l'existence de la mesme chose, parce que toute l'essence d'vne chose est toute la chose, & toute l'existence d'icelle chose est toute la chose, car combien que l'essence semble ſeulement ſignifier la puiſſance , & l'exiſtence l'acte, toutesfois il y a eſſence potentielle, & eſſence actuelle, ainſi il y a exiſtence potentielle, & exiſtence actuelle : En apres toute eſſence & exiſtence d'vne choſe terminee ſont quantité terminee, parce qu'elles ont des termes de tous coſtez, Tiercement, toute matiere terminee eſt quantité terminee, comme il eſt aſſez notoire, & toute forme eſt quantité terminee, veu qu'elle a des termes de tous coſtez, comme il ſera particulierement demonſtré au dernier chapitre, par conſequent toutes les parties de ceſdites choſes ſont quantitez terminees, donc toute partie eſt quantité terminee : il eſt donc faux qu'il y ait des parties eſſentielles non quantitatiues : donc tout terme de la choſe eſt partie quantitatiue d'icelle.

La troiſieſme raiſon. Tout ce qui eſt grandeur terminee eſt corps compoſé : or toute choſe terminee eſt grandeur terminee : donc toute choſe terminee eſt corps compoſé. Ie prouue la mineure. Toute lõgueur terminee eſt grandeur terminee : or toute choſe terminee eſt longueur terminee : donc toute choſe terminee eſt grandeur terminee. La maieure eſt manifeſte. Ie prouue la mineure. Tout ce qui a des termes vrayement diſtans les vns des autres eſt longueur terminee : or toute choſe terminee à des termes vrayement diſtans les vns des autres : donc toute choſe terminee eſt longueur terminee. La maieure eſt notoire. Ie demonſtre la mineure par deux moyens. Le premier eſt, ce qui a des termes oppoſez en ſituation à des termes vrayement diſtans les vns des autres : or toute choſe terminee a des termes oppoſez en ſituation : donc toute choſe terminee à des termes vrayement diſtans les vns des autres, La maieure eſt claire.

La mineure est aussi manifeste du discours precedent, car tout ce qui est terminé de tous costez à des termes opposez en situation : or toute chose terminee est terminee de tous costez : donc toute chose terminee a des termes opposez en situation. La maieure est vraye car ce qui a des termes dessus dessous, deuant derriere, a droit & à gauche à des termes opposez en situation : or tout ce qui est terminé de tous costez à des termes dessus dessous, deuant derriere, à droit & à gauche : donc tout ce qui est terminé de tous costez à des termes opposez en situation. Le second moyen de demonstrer cette proposition, *toute chose terminee a des termes vrayement distans les vns des autres*, est : tout ce qui a des termes entre lesquels est la partie du milieu, a des termes vrayement distans les vns des autres : or toute chose terminee a des termes entre lesquels est la partie du milieu, car entre les extremitez de toute chose terminee est la partie du milieu : donc toute chose terminee a des termes vrayement distans les vns des autres : donc elle est longueur & estenduë terminee, & n'est pas seulement estenduë d'vn costé, mais aussi de tous les costez, car entre tous les termes opposez est la partie du milieu, & a chasque terme il y a vn autre terme opposé en situation & diametralemẽt. Donc toute chose terminee est corps composé.

La quatriesme raison resulte de la seconde & de la troisiesme. Tout ce qui occupe lieu ou espace est corps composé : or toute chose terminee occupe lieu ou espace : donc toute chose terminee est corps composé. La maieure est hors de controuerse. La mineure est manifeste des raisons precedentes, parce que toute chose terminee est longue, large, & profonde en quelque façon, ou est estenduë & quante en quelque maniere : En aprés les termes & autres parties d'icelle sont distincts de situation : or toute chose qui est distincte de situation d'vne autre, est distincte de lieu propre d'icelle. Que les termes soient distincts de situation il appert, parce qu'ils sont opposez en situation les vns aux autres, & qu'iceux sont vrayement distans les vns des autres, comme il a esté prouué cy deuant : c'est pourquoy vn terme d'vn tout n'est point au mesme & propre lieu, que l'autre du mesme tout, car vn terme n'est pas l'autre, vne partie n'est pas l'autre, & vne partie est vnie à l'autre par ses extremitez. Or ce qui a vn terme en a plusieurs, car vne partie n'est point sans l'autre, & tout terme est composé de parties, & toute partie est composee de parties, par consequent elle est diuisible à l'infini. parce que tout terme & toute partie sont terminez de tous costez, & qu'aucune partie n'est veritablement simple.

La cinquiesme raison. Ce qui est vrayement figuré est corps composé : or toute chose terminee est vrayement figuree, car elle à la figure selon la situation de ses termes : donc toute chose terminee est corps composé.

La sixiesme raison. Tout ce qui est meu ou peut estre meu successiuement d'vn lieu à vn autre est corps composé : or toute chose terminee est meuë ou peut estre meuë successiuement d'vn lieu à vn autre : donc toute chose terminee est corps composé. La maieure est vraye, car estre meu successiuement, c'est quand vne partie succede à l'autre, car il ne faut point en vain s'efforcer de s'imaginer vn moment non diuisible ou non composé, car tout mouuement est composé de parties composees, par consequent diuisible à l'infini, puis que c'est vne chose terminee : or tout moment est mouuement, car le moment est la plus petite partie du temps que l'homme peut penser : or le temps est le mouuement du ciel, & tout mouuement n'est autre chose que la chose terminee qui est meuë par quelque autre : donc tout moment est composé de parties composees, par consequent diuisible à l'infini. La mineure est assez claire, car qui doute que le Tout-puissant ne puisse mouuoir toute chose terminee. Il y en a qui taschent de respondre à cette raison, en disant qu'il y a vn point non composé de parties, ou non diuisible, qu'ils appellent point mathematic, lequel pourtant est meu ou peut estre meu, & qui est chose finie ; mais ceux-là sont grandement trompez, car tout point fini est composé de parties, & est meu ou peut estre meu successiuement d'vn lieu à vn autre, comme il sera prouué abondamment au ch. 6. Donc toute chose terminee est corps compoé : donc tout Ange, toute matiere terminee, toute forme, & tout accident est corps composé.

I'exhorte icy non les plus sublimes, mais les plus grossiers de ne crier point insolemment contre moy, de ce que ie dy que les Anges sont des corps composez : car ie ne suis pas le premier qui ay pensé cela, mais apres plusieurs graues personnages, & entre iceux Candallé sur le Pimandre de Trimegiste, ch. 16. sect. 8. S. Augustin au liu. II. du Genes. à la lettre ch. 13. & és autres lieux. Caietan Cardinal. Charron au I. liure de sa Sagesse ch. 7. où il cite plusieurs doctes & celebres personnages. *Zanchius tome 3. ch. 3.*

TOVS LES ANGES OV INtelligences, toutes les ames, & leurs pensees sont corps composez.

CHAPITRE II.

AFIN que cette verité paroisse plus claire, il est besoin d'appliquer ces raisons generales aux choses terminees, lesquelles on dit faussement estre non corps : or elles sont ou les esprits finis & leurs accidens, ou les accidens appellez corporels, parce qu'ils sont inherans aux corps, ou la matiere premiere terminee & la premiere forme. Or les raisons generales estant appliquees, i'en apporteray de speciales pour confirmer ladite assertion, & dissoudray les principales obiections qui semblent l'offusquer. Ie diray en ce chapitre des esprits finis, asçauoir des Anges & des ames, parce qu'ils sont semblables en quelque façon. Et à la fin du chapitre ie traitteray de la pensee de l'Ange & de l'homme, parce qu'elle est vnie à leur entendement.

Ie di donc que tout esprit finy est corps composé, parce qu'il a des extremitez, & que l'extremité de l'esprit est partie composee d'iceluy, & entre ses extremitez est la partie du milieu, donc il est quantité composee vrayement figuree, occupant lieu, & est meu ou peut estre meu successiuement d'vn lieu à vn autre : or tout Ange, & toute ame humaine est esprit fini : donc tout Ange & toute ame humaine est corps composé.

Ces raisons generales peuuent estre fortifiees par des speciales communes à l'Ange & à l'ame humaine. Premierement ce qui patit, & est meu, ou peut patir ou peut estre meu par vn corps est corps composé : or tout Ange, & ame humaine patissent, & sont meuës, ou peuuent patir, & estre meus par vn corps, asçauoir par vne espece intelligible : car l'espece intelligible meut l'entendement de l'Ange, & de l'ame humaine, car l'intellection est vn vray mouuement, parce que lagent & le patient sont choses diuerses, asçauoir l'espece intelligible, & l'entendement ; car l'Ange, & l'ame humaine cognoissent par especes ou images, vn Ange parle à vn autre Ange, en imprimant en son entendement des especes ou pensees, car l'espece appliquee à l'entendement est vne pensee : or l'espece intelligible de l'Ange & de l'ame humaine est vn petit corps composé, comme il sera prouué à la fin de ce Chapitre.

C'est vne chose absurde de dire que l'entendement humain est meu par vn corps, & nier qu'il soit corps composé : or plusieurs Philosophes & Medecins affirment cela, en disant que l'entendement humain est meu par vn obiect sensible, de quelque sens que ce soit, moyennant l'espece intelligible, & qu'aussi il est meu & empesché par des humeurs qui sont causes de plusieurs maladies, comme par la pituite melancholie, & bile qui sont causes de la lethargie, melancholie, apoplexie, epilepsie, phrenesie, & autres maladies : car ils disent que l'entendement raisonne mal, & ne peut raisonner, à cause de ces humeurs peccantes : Si vous

dites

dites cela, pourquoy ne dites vous consequemment que l'entendement humain vse d'instrumens pour entendre ou comprendre, & qu'il est corps composé? parce que s'il est meu & empesché par ces corps, ce mouuement & empeschement est faict par l'attouchement des extremitez de lagent au patient: donc l'entendement humain à des extremitez, donc il est corps composé: par l'entendement humain i'entends ce que les Philosophes entendent, à sçauoir vne faculté qui est au cerueau de l'homme, laquelle raisonne en conceuant des pensees affirmatiues & negatiues.

La seconde raison est tiree de la premiere ou plustost la declare. Ce qui est vny a vn corps composé par attouchement de ses extremitez est corps composé: or tout Ange, & l'ame humaine sont vnis à vn corps composé par attouchement de ses extremitez, parce qu'ils ont vne superficie, car ce qui a veritablement des extremitez a vne superficie: or toute chose terminee a veritablement des extremitez: donc toute chose terminee a vne superficie. Donc tout Ange & toute ame humaine sont veritablement des corps cõposez, ou des quantitez composees, & ont des parties distinctes en situation, combien qu'ils se meslent auec les autres corps composez, & combien que les Anges penetrent les corps les plus denses qui leur sont subjects. Cette raison peut estre aussi appliquee à l'ame de la beste, & de la plante.

La troisiesme raison sera particulierement adaptee à l'ame humaine, & à l'ame de la beste. L'ame de laquelle plusieurs facultez sont corps composez, est vn corps composé, car les facultez de l'ame sont parties & rayons de l'ame procedans de la principale partie d'icelle; or l'ame humaine & l'ame des bestes sont des ames desquelles plusieurs facultez sont des corps cõposez, à sçauoir les sens externes, parce qu'ils sont meus par des corps composez, à sçauoir par des especes sensibles, comme la veuë par la lumiere, l'ouye par le son, car toutes les especes sensibles ou intentionelles sont des corps composez, comme il sera prouué au ch. 5. donc toute ame humaine, & l'ame des bestes sont des corps composez; combien que l'ame humaine soit moins imparfaicte que l'ame de la beste.

La quatriesme raison. Ce qui est partie de corps est corps cõposé : or l'ame humaine est partie de corps, à sçauoir de l'homme, lequel est vrayement corps cõposé : donc l'ame humaine est corps composé : car cette enonciation, l'homme est vn corps composé, est vraye proprement, & non point par Synecdoche, & selon quelque chose seulement; c'est à dire, tout l'hõme est vn corps composé, & non pas seulement vne partie d'iceluy : car puis que tout l'homme est terminé, il s'ensuit qu'il est tout vn corps composé : ainsi toute la beste est vn corps composé : donc l'ame humaine, & l'ame de la beste, & l'ame de la plante sont des corps composez, combien que l'ame humaine soit moins imparfaicte que l'ame de la beste, & que l'ame de la plante.

La cinquiesme raison. Ce qui est diuisé en les membres du corps visible de l'homme est corps composé, car ce qui n'est point composé n'est aucunement diuisé : or l'ame humaine est diuisee en les membres du corps visible de l'homme, à sçauoir en les bras, pieds, & autres membres, c'est pourquoy elle les viuifie & anime interieurement, c'est à dire elle les meut par le dedans. Pour vne claire intelligence de cecy, ie di que l'homme doit estre distingué en trois choses, comme

S. Paul le distingue à la 1. Thess. c. 5. 23. asçauoir en esprit, ame, & corps visible : l'esprit est le moteur qui nous faict penser, entendre, imaginer, & vouloir, qui viuifie & regit l'ame, laquelle est lagent qui viuifie le corps visible & grossier, lequel corps est le patient viuifié : l'ame est composee de trois principales parties ou facultez, asçauoir de la naturelle, vitale & animale. La naturelle est au foye d'où elle deriue par les veines aux autres parties du corps visible, & principalement au cœur, auquel est la faculté vitale, d'où elle emane par les arteres aux autres parties du corps visible, & principalement au cerueau par les deux arteres appellees carotides, qui sont estenduës iusques aux deux superieurs ventricules du cerueau, esquels reside l'imagination, qui est principale partie animale de l'ame, par laquelle nous imaginons & conceuōs ou pouuons comprendre toutes les choses cōposees ; de l'imagination des rayons procedent par les nerfs aux organes des cinq cens par lesquels nous mouuons nostre corps visible, & apperceuons les qualitez sensibles ; ces rayons sont parties de l'ame qui sont en quelque maniere semblables aux rayons du Soleil, c'est pourquoy vn nerf de quelque partie estant lié ou autrement bousché, nous ne sentons point par cette partie, ny ne la pouuons mouuoir, car le rayon de l'ame ne peut passer par là : ainsi le rayon du Soleil ne peut passer par vn canal ou vn trou bousché de quelque corps opaque, ce qui est vn signe certain que ces rayons sont des corps composez : combien que l'ame humaine a des rayons plus subtils que les rayons visibles du Soleil, Il est donc faux que l'ame soit toute en chasque partie du corps humain, comme toute en vne main, autrement elle seroit toute meuë, & ne seroit pas toute meuë de mesme façon quand vne main est meuë, & que l'autre n'est point meuë en mesme tẽps; car cette partie de l'ame, qui est en la main meuë, en mouuant la main est meuë par quelque autre chose, car elle ne demeure pas au mesme & propre lieu, & toute chose terminee en mouuant, quelque chose est meuë par vne autre : mais la partie de l'ame qui est en l'autre main non meuë, n'est point meuë alors au moins de mesme façon. Ie pourrois apporter plus de raisons pour prouuer que l'ame humaine est vn corps composé, mais ie les laisse sciemment & volontairement non sans raison.

On peut objecter contre. Premierement, tout corps composé peut estre corrompu : or l'Ange, & l'ame humaine ne peuuent estre corrompus : donc l'Ange & l'ame humaine ne sont point corps composez. Ie respons en concedant la maieure & niant la mineure : car combien que l'Ange & l'ame humaine ne puissent estre corrompus par des causes moins nobles & moins imparfaites qu'eux : toutesfois ils peuuent estre corrompus par la cause qui les predomine, asçauoir par le Tout puissant : car le Tout puissant peut conuertir l'Ange & l'ame humaine en vn potiron pourry, parce qu'il est non terminé. C'est pourquoy il est dit à la 1. Tim. ch. 6. vers. 16. que le seul Seigneur des Seigneurs à seul immortalité: donc le seul Seigneur des Seigneurs est non corruptible simplement & absolument : ce neantmoins, puis que Dieu en la saincte Escriture à promis aux esleus la vie eternelle, sans doute les esleus viuront eternellement non de puissance naturelle, ains de grace seulement.

Secondement on peut objecter. Il y a corps finy, donc il y a le non corps finy, parce qu'ils sont opposez : or y ayant vn opposé il faut que l'autre y soit. Ie respons en niant le consequent, parce qu'il y a de la contradiction aux mots, car tout ce qui est finy ou terminé est composé de parties composees à l'infiny, comme il a esté prouué cy deuant, c'est pourquoy ie dy que l'estre non corporel n'est point finy, car tout esprit fini est corps composé de parties composees à l'infini, puis que l'extremité de l'esprit est partie terminee d'iceluy, & qu'entre les extremitez il y a la partie du milieu. L'esprit fini est vn corps composé subtil, rare, & inuisible, lequel pour cette raison peut bien estre appellé corps spirituel, ou esprit corporel; c'est pourquoy nous appellons les Anges, l'air, le vent, l'haleine, les eaux de vie, les corps subtils qui coulent par nos arteres & nerfs d'vn mot commun esprits, combien que ce soient des corps moins composez. Le mot Latin *Spiritus*, le Grec *pneũma*, employé au nouueau Testament, l'Hebreu *rûach*, employé au vieil, signifient mesmes choses : ce qui monstre que puis qu'ils ont vn mot commun, ils ont vne nature semblable en quelque maniere, donc corporelle & terminée, c'est à dire corps composé.

Tiercement, on obiecte particulierement de l'ame humaine. Aucun corps n'informe, ou viuifie, ou anime le corps humain : or l'ame humaine informe, ou viuifie, ou anime le corps humain : donc l'ame humaine n'est point corps. On confirme ainsi la maieure, ce qui viuifie le corps humain, viuifie chasque partie d'iceluy, & est au mesme & propre lieu auec iceluy, ce qui ne pourroit estre faict par l'ame humaine, si elle estoit vn corps composé. Ie respons premierement, en niant la maieure, parce que le corps composé, spirituel & subtil viuifie le corps humain, grossier & elementaire : & à la confirmation de la maieure ie di que ce qui viuifie le corps grossier de l'homme, n'est pas au mesme & propre lieu auec iceluy, ains en les pores & conduits insensibles ou sensibles d'iceluy, parce qu'il le viuifie en le mouuant & rayonnant par le dedans, car l'ame à des rayons, combien qu'ils soient inuisibles : ainsi la lumiere semble estre au mesme & propre lieu auec l'air illuminé, mais cela n'est pas ainsi, comme il a esté demonstré generalement, & le sera specialement. Secondement, si cette maieure n'estoit fausse, il s'ensuiuroit que les ames des bestes & des plantes ne seroient pas des corps composez, mais la chose simple non mortelle & non corruptible, ce qui est faux, car la chose simple est vnique non terminee, & ces ames sont beaucoup plus composees que l'humaine, desquelles ie n'en diray dauantage en ce chapitre, sinon que si les Anges & les ames humaines sont des corps composez, les ames des bestes & des plantes sont aussi des corps composez : or la premiere partie est vraye : donc aussi la posterieure.

Quartement on obiecte, tout corps est composé de matiere & de forme interne : or l'Ange, & l'ame humaine ne sont point composez de matiere & de forme interne : donc l'Ange & l'ame humaine ne sont point corps. Ie respons en niant la maieure, parce que la premiere matiere n'est point composee de matiere & de forme interne, ni la premiere forme, ni l'air, ni l'eau, ni la terre ne sont point composez de forme interne, selon que la forme interne est principe interne de mouuement d'vn corps, car ce principe là est vn esprit terminé qui est dedans vn corps, lequel il viuifie & meut interieurement, comme l'ame de l'homme est vne forme interne : or la premiere matiere &

toute forme est corps, comme les raisons generales prouuent, & l'air, l'eau, & la terre sont des corps cõposez : & ainsi tout corps n'est pas composé de matiere & de cette forme interne, que les Philosophes entendent, & qu'Aristote definit ainsi au commencement du 1. liu. de sa Physique, autrement il y auroit vn progrés à l'infiny, en diuisant tous les corps en matiere & forme ainsi prise : car il y a seulement vn progrés à l'infini en diuisant les corps composez en parties qui ne sont point matiere, & forme ainsi entenduë, car toute partie est composée de partie, & ces parties sont composees de parties composees, & ainsi à l'infini, car aucune partie n'est simple, ains composee, puis qu'elle est terminee.

Aucun Philosophe, comme ie pense, n'a ozé encore dire que l'Ange & l'ame humaine n'estoient pas cõposez : car premierement, quelques vns disent qu'ils sont composez de genre & de difference, qu'ils disent estre parties essentielles non quantitatiues : Secondement les autres disent qu'ils sont composez d'essence & d'existence. Mais ie dispute ainsi contre ; le genre & la difference de l'Ange sont des quãtitez terminees, soit qu'ils soient des pensees qui representent les Anges, ou les Anges representez par ces pensees, parce que ces pensees & les Anges sont choses terminees, donc composees de parties composees à l'infini: donc toute partie essentielle est quantitatiue, puis que toute partie est terminee. Mais comme i'ay dit au 1. ch. si le genre & la difference des Anges se prennent pour des pensees, desquelles l'vne s'appelle genre, & l'autre difference qui represente tous les Anges, le genre des Anges ne represente pas vne partie d'vn Ange, & la difference vne autre partie du mesme Ange ; mais le genre represente tous les Anges & autres corps spirituels terminez, & la difference qui luy est adjoustee represente bien tous les Anges, mais aucune autre chose, ce qui est manifeste en cette definition, l'Ange est vn corps viuifie plus spirituel que l'ame humaine, lequel est composé d'entendement & volonté; le genre de l'Ange est vn corps viuifié, les autres mots sont la difference, ce genre peut estre veritablement attribué à sa difference, car ce qui est plus spirituel que l'ame humaine, qui est composé d'entendement & volonté est vn corps viuifié; ainsi nous attribuons veritablement vn genre à sa difference quand nous disons, ce qui est raisonnable est corps composé: non pas que i'entende qu'vne pensee soit vne autre pensee, & vn mot vn autre mot, mais i'entens que ce qui est signifié par la pensee ou mot difference, est signifié par la pẽsee ou mot genre, & que le genre & la differẽce sont veritablement attribuez a l'indiuidu, comme l'Ange Gabriel est vn corps viuifié plus spirituel que l'ame humaine, qui est composé d'entendement & volonté: donc ce qui est representé par la pensee, gẽre, n'est pas vne partie de l'Ange, & ce qui est representé par la pensee, difference n'est pas vne autre partie d'iceluy. Pareillement toute l'existence de l'Ange n'est pas vne autre partie d'iceluy, ny toute son essence vne autre partie d'iceluy, car toute l'existẽce de l'Ange est tout l'Ange, & toute l'essence de l'Ange est tout l'Ange, & toute l'existence de l'Ange est toute l'essence d'iceluy: car toute l'existence de l'Ange n'est autre chose que l'Ange qui existe, ou est tel qu'il est, comme aussi l'essence d'iceluy, car exister tel, & estre tel, signifient mesme chose: or l'essence de l'Ange est vne chose terminee, donc composee de parties à l'infiny: Il est donc

donc faux qu'il y ait des parties essentielles non quantitatiues.

Tiercement, presque tous les Philosophes disent que l'Ange & l'ame humaine sont composez d'vne essence simple & de plusieurs accidens, lesquels accidēs ils disent estre l'entendement, la volonté, la sagesse, la iustice & autres. Mais contre premierement, soit que l'essence de l'Ange ne soit autre chose que l'entendement & la volonté, ou qu'elle soit quelque autre chose, ie dy que toutes ces choses sont des corps composez, parce qu'elles sont terminees : c'est pourquoy ils se contredisent, en disant que cette essence est simple, & que pourtant elle est finie, car tout ce qui est finy est composé, & ce qui est composé n'est pas simple. Secondement ie dy que si l'essence de l'Ange estoit simple ou non composée, elle seroit la chose simple : or elle n'est point la chose simple, parce que la chose simple est vnique, n'ayant point d'extremitez qui est la verité simple ou le vray Dieu. Donc l'essence finie de l'Ange est composee de parties à l'infiny, & les accidens de l'Ange sont parties d'iceluy : ce qui est pareillement vray de l'ame humaine.

Il y en a qui disent que les Anges sont des corps au respect de Dieu, & qu'ils ne sont pas corps au respect de ces corps que nous voyons. Mais ceux-là sont trōpez grandement, car puis que l'Ange est vne chose terminee, longue, large, & profonde ; c'est vn corps composé, soit que vous le compariez à vn corps visible, ou non ; la comparaison ou imaginatiō que vous en faites ne change aucunement la nature de l'Ange. Si l'Ange est plus long, large, & profond qu'vne pierre, il est plus grand corps que la pierre : or les Anges qui meuuent & viuifient les Cieux sont plus longs, lar-

ges, & profonds qu'vne pierre, car les Cieux sont viuifiez par des intelligences, qui sont leurs formes interieures, qui les meuuent par le dedans, & les font tourner : ces Anges sont donc estēdus dans les Cieux, comme l'ame de l'homme l'est dans son corps elemētaire : que les Cieux soient viuifiez il appert, puis qu'ils viuifient plusieurs choses d'icy bas.

Combien que i'aye dit cy deuant en passant que les pensees de l'Ange & de l'homme sont des corps composez ; toutesfois ie veux le prouuer icy expressément, mais en peu de paroles. La raison generale est que toute pensee Angelique & humaine est terminee, donc composee de parties composees à l'infiny, donc elle est figuree, & occupe lieu, & est meuë ou peut estre meuë en temps successiuement d'vn lieu à vn autre. Qu'elle soit terminee il appert, car il n'y a qu'vne seule chose non terminee : qu'elle soit figuree il est aussi manifeste, parce qu'elle a la figure semblable à la chose terminee, laquelle elle represente à nostre entendement, car c'est vne image de la chose representee. Qu'elle occupe lieu & soit meuë successiuement d'vn lieu à vn autre, il est euident, parce que veritablement elle est composee de parties.

La raison particuliere est. Si quelques pensees sont corps composez, toutes les autres pensees sont corps composez, parce qu'elles sont toutes de semblable nature, asçauoir images terminees vnies à l'entendement Angelic ou humain ; or quelques pensees sont corps composez, à sçauoir celles qui representent les corps visibles, comme celle qui represente la pierre, car pour representer la pierre il faut quelle soit longue, large & profonde en quelque maniere, car ce qui n'est point corps n'est point long, large, & profond en aucune maniere, par conſequent il ne repreſente point la pierre : or la penſee que nous auons de la pierre repreſente la pierre : donc elle eſt corps compoſé : donc auſſi toutes les autres penſees ſont corps compoſez. Ie dy donc que la penſee eſt vne petite image vnie à l'entendemẽt qui repreſente quelque choſe, car la penſee eſt vnie & imprimee a vn entendement fini & patient. Or on ſepare & efface cette image de l'entendement, & eſt effacee d'iceluy, quand l'entendement ne comprend pas la choſe, qui eſtoit repreſentee par cette penſee. La penſee eſt en quelque façon ſemblable au point mathematic à cauſe de ſa petiteſſe, lequel pourtant eſt compoſé, comme il ſera prouué en ſon lieu.

LES RAYONS CELESTES ſont des corps compoſez.

CHAPITRE III.

PAR les rayons celeſtes, i'entens les rayons qui emanent ou procedent du ciel, leſquels ſont ou inuiſibles ou viſibles ; les inuiſibles ſont appellez occultes influences celeſtes, leſquelles agiſſẽt inſenſiblement en ces corps inferieurs, tellement que nous ne les apperceuons point par les ſens exterieurs, mais ſeulement leurs effects : ce ſont elles qui cauſent l'epilepſie, le vertigo, la fieure quarte, & les fieur pourprees, ce sont elles qui viuifient les ames des bestes de la terre, des poissons & des plantes, qui font venir & retourner la mer, qui estendent les rayons de l'aimant, qui quelquefois font trembler la terre, qui produisent les vents, les neiges, & les gresles, qui forment les metaux és entrailles de la terre, car elles la penetrent insensiblement. Les rayons celestes visibles sont, ou la lumiere des estoiles (combien que toute la lumiere du ciel emane du Soleil à nous, ou directement, ou mediatement, la reflexion estant faicte aux autres estoiles) ou l'espece du ciel coloré, laquelle veritablement agit en nos yeux, veu que nous voyons vn ciel coloré. Tous ces rayons, tant visibles qu'inuisibles, sont des corps veritablement composez, parce qu'ils sont terminez, donc composez de parties composees à l'infiny, donc ils sont figurez, & occupent lieu, & sont meus ou peuuent estre meus d'vn lieu à vn autre, car ils sont meus & estendus du ciel en terre, combien qu'ils soient meus tres-soudainement, c'est pourquoy ils meuuent les corps inferieurs, car tout agent meut le patient en le touchant en quelque maniere.

Or cela peut estre demonstré plus clairement de la lumiere, car la lumiere du Soleil emane d'iceluy à l'air, & est meslee auec luy : c'est pourquoy elle le condense, & c'est la raison pourquoy nous oyons plus clairement le son en vne plaine, la nuict, que le iour, les circonstances estant pareilles, parce que le son penetre plus facilement l'air non illuminé, que l'illuminé ; parce que l'air illuminé est plus dense que celuy la qui ne l'est pas : toutefois la lumiere n'est point au mesme & propre lieu que l'air, car ils se touchent seulement par leurs extremitez, parce que l'vn cede à l'autre : & cette lumiere n'est point meuë au mouuement de l'air ; car quand nous mouuons cet air auec la main, ou auec vn autre instrument, nous ne mouuons pas la lumiere au lieu auquel nous mouuons l'air, autrement nous pousserions le rayon du Soleil entré dās vne chambre par la fenestre de cette chambre à l'autre en poussant l'air, ce qui ne se faict pas ainsi, mais au contraire nous mouuons la lumiere sans mouuoir l'air auquel elle est dicte estre, quand nous mouuons vn miroir exposé aux rayons du Soleil, car le rayon est meu au mouuement du miroir, parce que le rayon est reflecté au miroir, & emane ça ou la selon que le miroir est meu ; or l'air n'est pas ainsi meu. Nous mouuons la lumiere d'vne autre façon, & empeschōs qu'elle n'emane iusques à la superficie de la terre, quand nous mettons la main aux rayons du Soleil, car alors le rayon est retiré soudainement vers son origine, & ainsi il est accourcy, à cause qu'il ne penetre pas le corps dense & opaque, car il n'est pas separé de son origine : parce que le Soleil en tournoyant tire sa lumiere auec soy. Tout le Soleil auec ses rayons est cōme vn globe, duquel le corps dense & compact est comme le centre de ses rayons.

Dauantage il appert que la lumiere est vn corps composé, parce qu'elle passe par les pores d'vne vitre, & non par toute la vitre, c'est pourquoy quand vne fenestre de vitre est ouuerte, elle passe plus abondamment que quand la fenestre est fermee, car quand la fenestre est fermee vne partie des rayons qui touche le verre, passe par les pores d'iceluy, & l'autre partie est reflectee de l'autre costé, parce qu'elle ne peut toute passer, à cause que le verre est dur qui ne luy cede pas, mais quand la fenestre de vitre est ouuerte, tous les rayons qui vont droit là passent bien par l'air, parce qu'il est fort mol & cede à la lumiere, combien toutesfois que l'air soit subtilement meslé parmy la lumiere. Et ne faut point douter que le verre aye des pores, parce qu'il est faict par le feu qui la penetré par sa chaleur, & qu'il est transparent: c'est pourquoy le froid, & le son, & les especes des couleurs passent par les pores d'iceluy, non pas toutefois si aisément que par l'air, ce qui est aisé à cognoistre quand quelqu'vn parle à vn autre à trauers vne fenestre de verre. Quand la lumiere ne passe par le verre comme durant vne nuict obscure, & quand il ny a point de lumiere sublunaire, l'air remplit ses pores, lesquels pourtant nous ne pouuons discerner auec la veuë, parce qu'ils sont trop petits, & en trop grand nombre: c'est pourquoy il semble à la veuë que la lumiere passe par tout le verre, mais il suffit que nous cognoissions le contraire par raison.

Desquels propos ie forme deux argumens. Le premier est. Ce qui est allongé & raccourcy est vn corps composé: or la lumiere est allongee & raccourcie: donc la lumiere est vn corps composé. Le second est, ce qui est changé de figure est vn corps composé: or la lumiere est changee de figure, car si elle est reçeüe en vn vaisseau, ou trou rond, elle deuient ronde, si en vn vaisseau, ou trou quarré elle deuient quarrée: donc la lumiere du Soleil & des autres Estoiles est vn corps composé.

D'où i'argumente plus outre; si les rayons celestes sont corps composez, les choses desquelles ils emanent sont corps, parce que les corps composez n'emanent point de ce qui n'est pas corps, car aucune chose ne donne ny ne produit ce qu'elle n'a point: or le rayon de la lumiere du Soleil emane de la lumiere du Soleil : & l'espece du ciel coloré emane de la couleur d'iceluy : donc la lumiere du Soleil & la couleur du ciel coloré sont des corps composez.

LA QVALITE' ATTRACTIVE de l'aimant est vn corps composé.

CHAPITRE IV.

POVRCE que la vertu, ou la qualité attractiue de l'aimant est fort semblable aux influences occultes du ciel (car c'est vn rayon inuisible actif qui emane de l'aimant) c'est pourquoy il en faut traitter en ce lieu. De long temps on a trouué par experience que l'aimant attiroit à soy l'acier eslongné, combien qu'il y ait vne table entre les deux, voire combien qu'vne aiguille d'acier, mise en balance, estant frottee d'aimant, ou n'estant pas frottee, soit enfermee en vne boite d'yuoire sur la table, cette aiguille sera attiree par vne pierre d'aimant, qui sera sous la table, & cette aiguille frottee d'aimant enclose en vne boite d'yuoire, est meuë au mouuement d'vne clef, ou d'autre acier qui sera quelque peu distant de la boite : d'où ie collige qu'il est necessaire, que ce rayon ou qualité actiue emane de l'aimant aux rayons de l'acier, & ainsi que ces rayons s'vnissent estroitement à cause de la similitude de leurs natures, car les corps mols semblables estans approchez sont vnis, confondus, & meslez facilement, comme deux gouttes d'eau : or ces rayons passent par les pores de la table & de l'yuoire, & ainsi ils les penetrent, quasi en les perçant, ce qui est vn signe que ces rayons sont fort subtils ; non pas toutesfois qu'ils soient au mesme & propre lieu que les corps qu'ils penetrent : ainsi la lumiere n'est point au mesme & propre lieu que l'air illuminé : ni l'odeur n'est point au mesme & propre lieu que l'air, qui est dit odorant : ni les especes visibles, & les sons ne sont point au mesme & propre lieu que l'air, auquel nous les apperceuons ; ni la chaleur n'est point au mesme & propre lieu que l'eau qui est dicte chaude, ni la teincture n'est point au mesme & propre lieu auec le drap, auquel elle est meslée, ny l'eau meslée auec la terre n'est point au mesme & propre lieu qu'icelle : ni deux gouttes d'eau meslees ensemble ne sont point au mesme & propre lieu ; c'est à dire, à parler proprement tous ces corps sont distincts de situation, & ne sont vnis les vns auec les autres que par leurs extremitez, ou ne se touchent que par leurs termes, combien que nos sens externes ne iugent pas ainsi de cesdicts corps, parce qu'ils ne peuuent pas discerner ou distinguer leurs extremitez, & autres parties si subtiles, & si subtilement meslees, c'est l'entendement qui les distingue, & qui sçait qu'ils sont ainsi vnis. Or toutes cesdictes choses sont terminees & corps composez : ce qu'il faut prouuer particulierement de la qualité de l'aimant en ce lieu.

La qualité attractiue de l'aimant est vn corps composé, parce qu'elle est terminee, donc composee de parties composees à l'infini, donc elle est figuree & occupe lieu, & est meuë ou peut estre meuë en temps succes-

successiuement d'vn lieu à vn autre.

Premierement, cette qualité est meuë & estenduë de l'aimant à vne certaine distance, & combien que cette vertu soit meslée auec l'air voisin, ou autre corps: toutesfois si l'aimant n'est point meu, cette vertu n'est point meuë au mouuement de l'air : car l'air estant poussé & transporté à vn autre lieu, toutesfois cette vertu ny est point transportee : mais l'aimant estant transporté d'vn lieu à vn autre, cette vertu y est ensemble transportee.

Secondement, cette vertu est imprimee, & adhere à l'acier, & est transportee de l'aimant à l'acier, auquel elle demeure vnie, si l'acier est frotté d'aimant, donc elle est meuë en temps d'vn lieu à vn autre. Quelqu'vn respondra que cette vertu n'est pas seulement imprimee, mais aussi vn peu du corps grossier de l'aimant auec cette vertu : Ie confesse que cela peut estre faict, combien que cela qui adhere à la pointe de l'aiguille du quadran soit inuisible : de quelque façon que ce soit, vne extremité de cette qualité est distāte du corps grossier de l'aimant : donc elle est estendüe, dóc elle est corps composé.

Tiercement, ce qui peut estre separé du corps grossier de l'aimant est corps composé : or la qualité attractiue de l'aimant peut estre separee du corps grossier de l'aimant : donc la qualité attractiue de l'aimant est corps composé : afin que la maieure & mineure soient claires, il faut sçauoir que l'aimant est composé de deux parties, asçauoir d'actiue & passiue : la partie actiue est vn corps subtil actif qui a des rayons estendus hors de la partie grossiere par les rayons de l'estoile polaire : la partie passiue est vn corps grossier terrestre, qui n'attire point l'acier. On separe la partie actiue de la passiue autrement que ie n'ay dit, si on esuente l'aimant, & qu'on l'expose à l'air, ou plustost si estant reduit en poudre on le chauffe fort, car ainsi il deuient qu'il n'attire plus l'acier, parce que la qualité attractiue est separee de la grossiere.

Finalement, ce qui est estẽdu & raccourcy est corps composé : or la qualité attractiue de l'aimant est estẽdüe & raccourcie : donc la qualité attractiue de l'aimant est corps composé. La maieure est manifeste. La mineure est prouuee par experience, si l'aimant est frotté d'ail, il n'attirera point l'acier, mais si le mesme est nettoyé & purifié de cet ail il attirera derechef l'acier à soy : De laquelle experience on ne peut rendre raison, sinon que parce que l'ail est gluant & visqueux c'est pourquoy il empesche que les rayons de l'aimãt ne soient estendus hors de la partie grossiere en les engluant, & bouschant les pores de l'aimant, & couurant sa superficie : ce qui n'est point ainsi faict par la table mise entre l'aimant & l'acier : mais quand l'aimant est nettoyé, & que le suc de l'ail est osté auec vne lime, en limant vn peu l'aimant, ou autrement : alors ses rayons emanent derechef, & sont estendus hors de la partie grossiere, car il attire derechef l'acier : donc la qualité attractiue de l'aimant est vn corps composé.

Si la qualité attractiue de l'aimant est corps composé, toutes les autres qualitez attractiues des corps sublunaires, qu'on appelle occultes, sont corps composez, parce qu'elles sont semblables : c'est pourquoy presque toutes cesdictes raisons leurs pourront estre appliquees.

TOVTES LES ESPECES intentionelles, & les qualitez desquelles elles procedent sont des corps composez.

CHAPITRE V.

LES especes sensibles intẽtionelles sont des figures, ou images subtiles emananantes des corps sensibles, lesquelles agissent en nos sens exterieurs immediatement & sensiblement, en penetrant les organes des sens : or elles emanent ou des corps celestes, ou des corps sublunaires : celles qui emanent des corps celestes, sont ou la lumiere, ou les especes de la couleur du ciel coloré, lesquelles i'ay prouué au ch. 3. estre corps composez. Les especes sensibles qui emanent des corps sublunaires ont leurs noms des sens qui les apperçoiuent, à sçauoir les visibles de la veüe, les audibles de l'ouye, les odorables de l'odorat ou flair, les gustables du goust, les tactiles de l'attouchement : Les visibles emanent ou de la lumiere, ou de la couleur : celles qui emanent ou procedent de la lumiere ou du corps lumineux s'appellẽt lumiere : celles qui emanent de la couleur s'appellent especes de couleur. Les audibles sont appellees son qui emañe des corps qui s'entrechoquent. Les odorables sont appellees odeur ou espece d'odeur qui emane de l'odeur, Les gustables emanent de la saueur. Les tactiles emanent des qualitez tactiles, asçauoir de la chaleur, froideur, humidité, seicheresse, mollesse & durté. Il est maintenant facile d'entendre pourquoy tous les sens externes apperçoiuẽt quelque figure, ou pourquoy la figure est dicte l'object commũ des cinq sens, asçauoir parce que toutes ces especes sensibles sont figures & figurees, car elles emanent des corps terminez ou figurez sensibles.

Toutes ces especes ou images sont des corps composez, parce qu'elles sont terminees, donc composees de parties composees à l'infini, donc elles sont figurees, & occupent lieu, & sont meuës ou peuuent estre meuës en temps successiuement d'vn lieu à vn autre.

Premierement elles sont terminees ou finies, car il ny a qu'vne seule chose non terminee, & premiere, qui est le vray Dieu ou la verité simple : or elles ne sont pas cette chose non terminee; donc terminees, donc composees de parties composees à l'infini, car toute partie est composee de parties, parce que toute partie est terminee, & tout ce qui est terminé est composé, donc aucune partie n'est veritablement simple.

Secondement, elles sont figurees, parce qu'elles ont leurs termes disposez de quelque façon, puis qu'elles sont figures ou images des corps desquels elles emanent, car elles les representent en quelque maniere, comme la chaleur du feu procedee d'iceluy le represente, parce qu'elle eschauffe, rostit, & brusle : ainsi l'image de Pierre represente Pierre : ainsi l'odeur du musc represente le musc, & ainsi des autres : Or cela ne doit point sembler faux que ie dy que ces figures & les autres soient figurees, puis que ie demonstre qu'elles sont veritablement composees.

Tiercement elles sont quantitatiues ou estendues,

car elles ſont telles depuis les corps deſquels elles emanent iuſques à vne certaine diſtance: c'eſt pourquoy elles penetrẽt les organes de nos ſens : car ce qui emane d'vne choſe terminee eſt eſtendu hors de ſa ſuperficie, c'eſt pourquoy vne extremité de cette choſe procedee eſt diſtante de la choſe de laquelle elle eſt procedee, ſinon qu'elle ſoit reflectee a elle : car emaner eſt eſtre meu. Quelqu'vn dira que ces eſpeces ne ſont point eſtendues,& ne ſont point ainſi meües,ains multipliees. Ie reſpons que cette multiplication n'eſt autre choſe qu'emanation, or l'emanation eſt vn mouuement local, autrement elle ne peut eſtre entendue, ny exprimee.

Quartement, elles occupent lieu ou eſpace, parce qu'elles ont des parties compoſees diſtinctes de ſituation : combien qu'elles ſoient fort ſubtiles & deliees, & combien qu'elles ſemblent eſtre au meſme & propre lieu auec quelques corps, parce qu'elles ſont ſubtilement meſlees auec iceux, & toutesfois elles ne ſont pas ainſi qu'elles ſemblent : ainſi pluſieurs lumieres emanantes de pluſieurs chandelles allumees en vne ſalle, ſont meſlees les vnes auec les autres & auec l'air ſubtilement, c'eſt pourquoy au iugement de la veüe elles ſemblent eſtre au meſme & propre lieu les vnes que les autres, & que l'air de la ſale ; ce qui toutesfois n'eſt pas ainſi, parce qu'elles ſont preſque auſſi rares les vnes que les autres ; car le ſens n'eſt pas iuge competant de diſcerner cela, ains l'entendement.

En cinquieſme lieu, puis que veritablement elles ſont compoſees, elles ſont meües en temps ſucceſſiuement d'vn lieu à vn autre, combien qu'elles ſoient meües fort ſoudainement.

La ſixieſme raiſon eſt vn argument general pour

toutes les choſes terminees, qui emanent ou procedẽt, ou ſortẽt des corps terminez. Tout ce qui emane d'vn corps eſt corps composé : or toute eſpece intentionelle emane d'vn corps : donc toute eſpece intentionelle eſt corps composé. La maieure eſt vraye, car ce qui procede ou ſort d'vn corps eſt corps composé, parce que deuant qu'il euſt procedé il eſtoit corps composé ; donc auſſi durant qu'il procede, & apres qu'il eſt procedé il eſt tel. Ce qui donc eſt, ou a eſté partie de corps eſt corps composé : or ce qui eſt procedé, ou procede, ou procedera d'vn corps a eſté, ou eſt partie de corps : donc ce qui eſt procedé, procede, ou procedera d'vn corps eſt corps composé. Ie ſçay que preſque tous les aduerſaires reſpondront que toutes les eſpeces intentionelles emanent immediatement des autres accidens (excepté le ſon qu'on dit emaner immediatement des corps entrechoquez) leſquels accidens ils nient eſtre corps composez, & leſquels ils diſent eſtre inherans ou vnis à la matiere, ou à la forme, ou a tous les deux (car de cela il y a vne diſpute entre les Philoſophes) & que la matiere & la forme ſont parties d'vn composé par ſoy, qui eſt vn corps composé ; item que la matiere & la forme auec leurs accidens ſont parties d'vn composé par accident, mais non d'vn composé par ſoy, & que l'accident eſt partie d'vn composé par accident, mais non d'vn corps composé. Cette eſt la doctrine des Philoſophes communs. Mais contre premierement, ie di que cela eſt contre meſdites raiſons generales, par leſquelles i'ay prouué que toute choſe terminee eſt corps composé. Secondement, ie di que toute la quantité & qualité du corps n'emane point de la matiere & de la forme, parce que toute cette quãtité & qualité n'eſt point eſtenduë hors des termes de cette matiere & de la forme : & les extremitez de cette quantité & qualité ne sont point distantes de la matiere & de la forme, car toute matiere & forme sont quantité. Tiercement, ie di que cela est absurd de dire que la matiere n'est point corps que la forme n'est point corps, & qu'aucun accident d'icelles n'est corps ; & que toutes-fois la matiere & la forme vnies sont corps : cela di-ie, est absurd, parce que ce qui n'est pas corps n'est pas partie d'vn corps, car toute partie de corps est corps, & le tout composé n'est autre chose que toutes ses parties, & toutes les parties ne sont autre chose que le tout cõposé Quartement ie di, que quand on dit *que l'accident est en son subiect, & est inherant a iceluy*, on n'entend autre chose sinon que l'accident est vni a son subject, car l'accident est partie du tout composé, & le subject est aussi partie du tout composé, & vne partie est vnie à l'autre partie, donc l'inhesion ou inherance est vnion, or l'vnion n'est autre chose que les choses vnies: toutesfois on ne dit pas que le subject est inherant à son accidẽt, parce que le subject est la partie principale du composé, combien qu'il soit veritablement vni à son accident par ses extremitez : mais on dit que l'accident est inherant à son subject, parce qu'il est la partie moins principale du composé vnie à son subject par ses extremitez, comme le rayon du Soleil est vn accident du corps dense du Soleil, c'est pourquoy nous disons que le rayon du Soleil est inherant au corps dense du Soleil, & non pas que le corps dense soit inherant au rayon, combien qu'il soit bien vni à iceluy : donc l'inhesion ou l'inherence ainsi prinse est l'vnion de l'accident à son subject. Quelqu'vn pourra objecter, l'accident n'est pas de l'essence du subject:donc l'accidẽt n'eſt pas cõrps. Ie reſpons que l'accident n'eſt pas de l'eſſence du ſubject, c'eſt à dire qu'il n'eſt pas partie de ſon ſubject, mais qu'il eſt de l'eſſence du tout cõposé, c'eſt à dire qu'il eſt partie du tout composé de ſubject & d'accident : pareillement le ſubject n'eſt pas de l'eſſence de ſon accident, c'eſt à dire il n'eſt pas partie de ſon accident : ce neantmoins l'accident eſt ſemblable à ſon ſubject, en ce que tous deux ſont choſes terminees, c'eſt à dire corps composez. De toutes ces choſes il appert que tout ce qui emane d'vn corps eſt corps composé, & que toute eſpece intentionelle emane immediatement d'vn corps composé.

La ſeptieſme raiſon. Maintenant il faut ſpecialemẽt traitter de ces eſpeces. La lumiere, qui eſt vne eſpece de la lumiere ſublunaire, & elementaire, comme de la flamme, eſt corps composé, comme les raiſons generales le demonſtrent aſſez, & les ſpeciales auſſi, qui prouuent que la lumiere celeſte eſt vn corps composé: car elles pourront eſtre facilement appliquees à la lumiere elementaire, c'eſt pourquoy ie les laiſſe pour eſtre plus court : j'adiouſteray ſeulement cette difference, la lumiere du feu eſt diſſipee & eſteinte, mais la lumiere du Soleil n'eſt point eſteinte.

La huictieſme raiſon. Les eſpeces des couleurs ſont des rayons emanans des couleurs par la lumiere, car c'eſt la lumiere qui porte & meut ces eſpeces : c'eſt pourquoy ſi les corps opaques ne ſont point illuminez, nous ne les voyons point, comme la nuict en tenebres, car leurs eſpeces ne ſont point portees à nos yeux. Or les chats voyent en tenebres, parce que de leurs yeux ſort vne lumiere, laquelle illumine les objects : donc ces eſpeces quelquefois emanent & procedent des corps, & quelquefois n'emanent pas, qui est vne vraye marque du corps composé.

La neufiesme. Le son est vn corps composé, parce qu'il est meu en temps, car il n'est pas meu si tost que la lumiere, ce qu'on cognoist facilement, quand la flamme sort de la gueule d'vn canon : car on la void plustost que le son n'est oüy : toutesfois le son est fait aussi tost, que le feu sort de la gueule du canon : ainsi nous voyons beaucoup plustost la lumiere de l'esclair du tonnerre que nous n'oyons le son : ainsi nous voyōs beaucoup plustost de loin les autres corps qui s'entreheurtent, que le son qui vient de la, paruienne à nos oreilles : donc le son est meu en temps successiuemēt. Or que le son penetre les corps denses, comme vne muraille, & la pierre ætites, ce n'est pas qu'il soit au mesme & propre lieu que le corps qu'il penetre, parce qu'il passe par les pores d'iceluy : car presque tous les corps terminez sont poreux, & ceux qui sont beaucoup moins composez penetrent les plus composez ; c'est pourquoy la lumiere du Soleil penetre les cieux.

Que le son passe par les pores des corps, il est manifeste de ce que quand nous parlons à quelqu'vn à trauers vne fenestre de verre fermee, il ne nous entēd pas si bien que quand la fenestre est ouuerte, parce que quand la fenestre est fermee, le son ne passe pas si facilement à trauers le verre qu'a trauers l'air qui est fort mol & rare, & luy cede facilement, ce que ne faict pas le verre qui est dur, & duquel les pores sont fort petits : donc il ne passe pas par tout le verre, ains seulement par les pores d'iceluy, donc le son occupe lieu, & est corps composé.

La dixiesme. L'odeur est corps composé, parce que ce qui est meu en temps successiuement des corps odorans à l'air, & à nos narines, est corps composé : or l'odeur eſt meüe en temps ſucceſſiuement des corps odorans à l'air,& à nos narines : donc l'odeur eſt corps composé. Item ce qui eſt peſant & grand eſt corps composé : or l'odeur eſt peſante & grande, car les corps odorans, desquels l'odeur eſt emanee à l'air, ou à des linges ſōt vn peu plus legers & moindres qu'auparauant, comme enſeigne l'experience, combien que quelquefois à peine cela puiſſe eſtre apperçeu par les ſens externes, a cauſe de la petiteſſe de l'odeur procedee. Quelqu'vn pourra dire que les ſeules odeurs ne ſont pas meües, mais auſſi de petits corps odorans, esquels les odeurs ſont tranſportees, & esquels elles ſont inherantes, par conſequent que ie ne diſtingue pas les odeurs d'auec leurs ſubjects. Ie reſpons que ie diſtingue bien vn tout d vn autre tout, vn accident de ſon ſubject, vne partie d'vne autre partie, mais non pas vne choſe d'elle meſme, ſinon fauſſement : car par quelle raiſon ou marque dis-tu que l'odeur qui penetre les narines n'eſt pas corps composé ? combien qu'elle ſoit emanee de l'ambre, ou du muſc, qui ſont des corps composez : Ie ſcay bien que l'odeur qui eſt parmi l'air, peut veritablement eſtre diſtinguee en ſubject & accident, c'eſt à dire en partie principale,& vne autre moins principale, mais ce ſubject & cét accident ſont de petits corps composez. Donc les plus aigus iugent veritablement en ce qu'ils eſtiment que les choſes des dix categories ne ſont point entieremẽt & veritablement diſtinctes, car tout le corps, toute la quantité, & toute la qualité d'vne meſme choſe ſont la meſme choſe : pour exemple, tout le corps d'vne pierre eſt toute la pierre, toute la quantite ou grandeur d'icelle pierre eſt toute la pierre, & toute la qualité d'icelle pierre eſt toute la pierre, & ainſi toutes les choses terminees sont corps, quantitez, & qualitez composees; comme la lumiere est corps, quantité & qualité composee,& ainsi des autres,comme il sera demonstré plus amplement au chap. 7. Ce qu'il y a à distinguer, c'est qu'il y a des corps actifs & des corps passifs, ou des quantitez actiues,& des quātitez passiues, ou des qualitez actiues, & des qualitez passiues,comme en la resolution des corps mistes nous trouuons seulement cinq corps de diuerse nature, a. sçauoir,l'huile,le vinaigre & le sel sont des corps actifs au respect de l'eau & de la terre, ils sont aussi quantitez & qualitez actiues, car toute la quantité du sel n'est autre chose que le sel, & toute la qualité du sel n'est autre chose que le sel: mais l'eau & la terre sont corps passifs ou moins actifs que les trois premiers, aussi ils sont quantitez & qualitez passiues, car toute la quantité de l'eau n'est autre chose que l'eau,& toute la qualité de l'eau n'est autre chose que l'eau, & ainsi des autres, car ces diuers noms, corps, quantité, & qualité signifient mesme chose; c'est pourquoy cōbien que i'vse quelquefois de l'vn, quelquefois des autres, ie n'entens pas tousiours choses diuerses,sinon que ie parle de diuers tons, ou de diuerses parties. Il faut aussi distinguer le corps externe du corps interne, comme nous voyons le corps externe de la pierre, mais non pas le corps interne d'icelle, car ce sont diuerses parties de la pierre,ainsi pouuons nous dire que nous distinguons la quantité externe d'auec la quantité interne, & la qualité externe d'auec la qualité interne, qui monstrent bien que corps, quantité, & qualité signifient mesme chose.

L'onziesme. Les especes des saueurs, & de toutes les qualitez tactiles sont corps composez, parce qu'elles sont meuës hors des corps desquels elles emanent: c'est pourquoy elles penetrent les organes des sens, car les especes des saueurs penetrent la langue, les especes des qualitez tactiles penetrent la peau & les membranes, d'où elles emanent iusques à l'imagination.

La douziesme. De ces choses il appert que toutes les qualitez desquelles emanent les especes intentionelles, sont corps composez, car toute qualité de laquelle emane vn corps composé est corps: or la lumiere, la couleur, l'odeur, la saueur, la froideur, la chaleur, l'humidité, la secheresse, &c. sont qualitez desquelles emanent des corps composez, asçauoir les especes intentionelles: donc la lumiere, la couleur, l'odeur, la saueur, la froideur, la chaleur, l'humidité, la secheresse,&c. sont corps, & puis qu'elles sont terminees elles sont corps composez.

La treiziesme sera seulement de la couleur & de la lumiere. Si la couleur & la lumiere n'estoient corps composez, nous ne verrions aucun corps, car nous ne voyons que la couleur & la lumiere, parce que la couleur externe est la superficie ou figure externe, car toute qualité est quantité, comme il a esté dit cy dessus, & sera prouué au ch. 7. Or c'est vne chose ridicule de dire que nous ne voyons aucun corps, car nous en voyons plusieurs: ce neantmoins la pluspart des Philosophes enseignent aux escholes que nous ne voyons aucun corps, car quand on leur demande cette couleur ou superficie des corps que nous voyons, n'est elle pas corps composé? ils respondent, non, si vous leurs demandez, ou est donc le corps? ils respondent, il est entourné de cette couleur, & est au dedans d'icelle. Si vous les interroguez plus outre, quād on oste cette couleur exterieure en coupant la pierre, ne voyons nous pas le corps? ils respondent tousiours non, car, disent ils, vous ne voyez iamais que la couleur & superficie, qui ne sont point corps : ce qui est tres-faux, car combien que la couleur exterieure que nous voyons ne soit pas la partie interieure du corps, toutesfois cette couleur exterieure est vn corps composé, autrement ce seroit des illusions nompareilles.

La quatorziesme. Si les choses desquelles les sons (qui sont des especes intentionelles) emanent immediatement sont corps composez, les choses desquelles les autres especes intentionelles emanent immediatement, sont aussi corps composez, car il y a pareille raison pour toutes : or les choses desquelles les sens emanent immediatement sont corps composez, asçauoir des corps entrechoquez : donc les choses desquelles les autres especes intentionelles emanent immediatement sont corps composez, asçauoir la lumiere primitiue, la couleur, l'odeur, la saueur, la chaleur, la froideur, l'humidité, la secheresse, &c. Dõc toute chose de laquelle l'espece intentionelle emane immediatement est corps composé.

Finalement, si la chaleur du feu est corps composé, aussi les autres qualitez tactiles sont corps composez : or la chaleur du feu est corps composé, car ce qui emane, ou passe du feu à l'eau, ou à l'air, est corps composé : or la chaleur du feu passe du feu à l'eau, quand le feu eschauffe l'eau contenuë dans vn chauderon : donc la chaleur du feu est corps composé. Il y en a qui disent que la chaleur du feu ne passe pas du feu à l'eau, mais que le feu engendre & produit la chaleur en l'eau. Ie confesse que l'eau commune, qu'on a accoustumé de chauffer, n'est pas si pure qu'elle n'aye en soy quelque peu de chaleur potentielle, laquelle est excitee & rarefiee par la chaleur du feu, quand l'eau est chauffee, mais cette chaleur du feu ne peut exciter & rarefier cette petite chaleur de l'eau, & rendre cette eau boüillante & l'exhaler, sinõ qu'elle passe du feu à l'eau par les pores du chauderon, parce qu'il pousse l'eau en haut : donc cette production est vne emanation ou passage de la chaleur du feu à l'eau ; autrement on ne la pourroit comprendre. D'ailleurs cette chaleur, qui est en l'eau boüillante pour la plus grand part a auparauant esté inherante au feu, car elle n'a point procedé d'autre corps qui l'ait produite, & n'a point esté faite de rien : donc elle a passé du feu à l'eau par les pores du chauderon, donc elle n'est point non corps, mais vn esprit corporel de feu, ou vn corps subtil de feu : ainsi la froideur passe d'vn corps à vn autre en penetrant le corps par les pores, c'est pourquoy en hyuer elle passe aux lieux bien fermez, & quand nous touchõs du fer froid auec la main, la froideur entre dans nostre main : & ainsi nous deuons iuger des autres qualitez tactiles. Maintenant il est permis de conclurre que toutes ces especes intentionelles, & les qualitez desquelles ces especes procedent sont des corps composez.

LE POINCT MATHEMATIC est corps composé.

CHAPITRE VI.

VELQVES vns, afin d'euader la force des arguments, respondent que le point Mathematic n'est pas quelque chose, mais seulement vne pensee de l'entendement : ce neantmoins ces gens sont trompez. Premierement, parce que combien que ce point fust seulement vne pensee de l'entendement, toutesfois il seroit quelque chose & corps composé, car toute pensee de l'entendement est quelque chose & corps composé, comme il a esté prouué a la fin du ch. 2. Secondement, ce qui est representé par vne vraye pensee de l'entendement est quelque chose : or le point Mathematic est representé par vne vraye pensee de l'entendement, car cette pensee que nous auons du point Mathematic, quand nous conceuons qu'il est le terme de la ligne Mathematique est vraye: donc elle represente quelque chose, laquelle chose representée est le point Mathematic : or il est dit Mathematic, parce qu'il est le fondement & principe moins estẽdu de quelques disciplines Mathematiques, asçauoir de l'Astronomie & Geometrie, car en icelles on suppose qu'il est tel. Tiercement, ce qui est le terme de la ligne Mathematique est quelque chose : or le point Mathematic est le terme de la ligne Mathematique, veu que veritablement il la termine & l'vnit ; donc le point Mathematic est quelque chose ; or la ligne Mathematique est quelque chose, veu qu'elle vnit & termine la superficie Mathematique, laquelle superficie est quelque chose, veu qu'elle vnit & termine le corps Mathematic, qui est vne chose terminee ou composee de parties longues, larges & profondes mesurables, c'est à dire qui peuuent estre mesurees par le Mathematicien. Ie n'ay pas dit ces choses pour les plus sublimes Philosophes, veu qu'ils ne nient pas que le point Mathematic soit quelque chose. representée par la pensée, mais ils nient qu'il est composé de parties, & qu'il est corps composé ; ce que toutesfois ie prouue par dix-sept raisons contre leur opinion.

La premiere. Le point Mathematic est composé de parties composees à l'infini, parce que comme tout corps terminé peut estre augmenté à l'infini : ainsi tout corps terminé peut estre diuisé & diminué à l'infini: car en diuisant vn corps iamais on ne peut trouuer vn corps non composé, & en diuisant vn corps composé il ne peut estre reduit a rien, parce que toute partie de corps est corps composé, car toute partie est composee de parties composees à l'infini ; or tout ce qui est tel est corps composé ou terminé : or s'il y auoit vn point (i'entendray tousiours Mathematic) nullement composé, pourquoy en fin ne pourroit-on pas trouuer vn point nullement composé, quand on diuise la quantité terminee, ou le corps composé? pour quelle raison donc dit-on qu'il y a vn point Mathematic nõ composé ? sans doute sans aucune vraye raison, comme

comme il sera plus manifeste cy apres : donc le point est vn corps composé.

La seconde. Tout ce qui est terminé est corps composé : car tout ce qui est terminé est composé de parties composees à l'infini, parce qu'il est composé de termes & de la partie du milieu, cõme il a esté prouué au ch. 1. Or le point est terminé, car il n'est point non terminé ou non fini, autrement il y auroit des non finis innombrables, ce qui est absurd : D'ailleurs ce qui est non terminé est non mobile & eternel : or le point n'est point non mobile, ni eternel : donc le point n'est point non terminé : donc il est vrayement terminé : par consequent il a de vrais termes ou extremitez, donc il est composé de parties composees à l'infini, donc il est figuré, & occupe lieu, & est meu ou peut estre meu en temps successiuement d'vn lieu à vn autre, donc il est corps composé.

La troisiesme. Tout ce qui est rond est corps composé : or le point est rond : donc le point est corps composé, veu que la maieure est claire, ie prouue la mineure. Le centre de la Sphere est rond : or le centre de la Sphere est vn point Mathematic : donc quelque point Mathematic est rond. Ie prouue la maieure. Ce qui est equidistant de la superficie externe de la Sphere est rond : or tout centre de la Sphere est equidistant de la superficie externe de la Sphere : donc tout centre de la Sphere est rond. La maieure est vraye, car cette superficie externe de la Sphere est ronde, parce qu'elle est equidistante de son centre : d'où il s'ensuit ce qui est tres-vray, asçauoir que le cẽtre de la grande Sphere est vne petite Sphere, & que tout centre a vn centre à l'infini, & que tout centre parfaictement terminé est vne petite Sphere, puis que toute chose terminee est composé de parties à l'infini. Si le point Mathematic parfaict est rond : donc aussi tous les autres points Mathematics parfaits sont ronds, parce que tous les autres points Mathematics parfaits sont de semblable figure, & tout corps parfaictement terminé est seulement de figure circulaire, & de solidité Spherique.

La quatriesme. Toute partie de corps est corps cõposé : or le point est partie de corps : donc le point est corps composé. La maieure est claire. Ie prouue la mineure. Ce qui est partie de la partie de la partie de corps, est partie de corps : or le point est partie de la partie de la partie de corps : donc le point est partie de corps. La maieure est euidente, ie prouue la mineure. Ce qui est partie de la ligne, laquelle ligne est partie de la superficie, laquelle superficie est partie du corps Mathematic, est partie de la partie de la partie du corps Mathematic : or le point est partie de la ligne, laquelle ligne est partie de la superficie, laquelle superficie est partie du corps Mathematic : donc le point est partie du corps Mathematic. (Que personne icy ne s'escrie, en disant que ie ne prouue pas formellement la mineure, car au chapitre suiuant ie prouueray que le corps Mathematic est corps Physic terminé, d'ailleurs il s'ensuit de ces choses que le point Mathematic est quantité terminee.) La maieure est notoire, ie prouue la mineure. Toute extremité de la ligne est partie de la ligne : or le point est extremité de la ligne : donc le point est partie de la ligne. Ie prouue la maieure. Toute chose de la ligne vnie à l'autre chose de la ligne est partie de la ligne : or toute extremité de la ligne est vne chose de la ligne vnie à l'autre chose de la ligne : donc l'extremité de la ligne eſt partie de la ligne. Il faut noter que i'entens la ligne Mathematique, qui eſt vne longueur meſurable ſans largeur, ni profondeur meſurables, de laquelle les extremitez ſont des points Mathematics, & par point i'entens vne de ſes extremitez. Par ſemblable raiſon on peut prouuer que la ligne eſt partie de la ſuperficie, parce qu'elle eſt l'extremité d'icelle, & que la ſuperficie eſt partie du corps Mathematic, parce qu'elle eſt l'extremité d'iceluy. Preſque tous les Philoſophes concedent que la ligne eſt partie de la ſuperficie, parce qu'elle eſt l'extremité d'icelle, & que la ſuperficie eſt partie du corps Mathematic, parce qu'elle eſt l'extremité d'iceluy : mais ils nient que le point eſt partie de la ligne, combien qu'ils concedent qu'il eſt l'extremité de la ligne. Mais pourquoy ? veu qu'il y a pareille raiſon de tous, comme il a eſté demõſtré.

Que la ſuperficie ſoit corps composé, il eſt manifeſte, autrement nous ne toucherions immediatement aucun corps, car nous ne touchons immediatement que la ſuperficie des corps terminez : or cela eſt abſurd de dire que nous ne touchons immediatement aucun corps, ains ſeulement ce qui eſt non corps ou l'eſtre non corporel. Si quelqu'vn vaincu par la verité concede que le point eſt partie du corps, i'infererai ce qui eſt vrai, que le point eſt corps cõposé ayant longueur, largeur, & profondeur ou eſpaiſſeur non meſurables.

La cinquieſme. Ce qui eſt ſimple n'eſt point partie de la ligne Mathematique : or le point eſt partie de la ligne Mathematique : donc le point n'eſt point ſimple. La maieure eſt vraye, car toute partie eſt terminee ou composee de parties composees à l'infini, & ce qui eſt ſimple n'est point partie du composé, parce

que le simple est premier que le composé : or la ligne est composee : donc ce qui est simple n'est poin
partie de la ligne. La mineure est aussi vraye, car
outre que l'extremité de la ligne est partie de la ligne, comme i'ai dit ci deuant, apres ce point terminant la ligne il y a vn autre point immediatement ;
car si ce point estoit osté, il y auroit vn autre point
terminant la ligne, car cette ligne seroit terminee :
donc deuant que le premier point fust osté, il y auoit
deux points immediatement, & ne sert de dire qu'vn
point Mathematic seul ne puisse estre osté, car à tout
le moins il peut estre osté seul par la puissance absoluë : Ainsi si cette ligne terminant cette superficie
estoit ostee, il y auroit vne autre ligne terminant
la superficie : ainsi si on ostoit cette superficie terminant ce corps Mathematic, il y auroit vne autre superficie terminant le corps restant : & cela ne doit
point sembler impossible, qu'il y ait des points Mathematics immediatement : car si vn globe exactement rond touche vn plat exactement plat, ces
deux corps se toucheront à deux points Mathematics, lesquels se toucheront immediatement : ainsi
quand vn cylindre, qui est vn corps long & rond,
touche vn plat, deux lignes Mathematiques se touchent immediatement : ainsi quand vn corps plat
mesurable touche vn autre plat, deux superficies
Mathematiques se toucheut ou sont vnies immediatement : donc apres ce point y a vn autre point, &
apres cette ligne vne autre ligne, & apres cette superficie vne autre superficie immediatement. Donc
la ligne Mathematique est composee de points, la
superficie de lignes, & le corps Mathematic de superficies : donc le point Mathematic est composé de

parties composées de parties composées à l'infini, dõc il est corps composé.

La sixiesme. Que le point Mathematic soit partie de la ligne Mathematique, il peut estre prouué par d'autres raisons. Prenons pour exemple la ligne parfaictement circulaire, de laquelle si vn point Mathematic est osté, elle ne sera pas parfaictement circulaire, parce qu'elle ne sera pas continuë par tout. De quoi i'argumente ainsi, tout ce qui a toutes ses parties est parfaict : (ce qui est vrai des choses qui ont des parties, selon qu'on prend le parfaict pour le moins imparfaict) or cette ligne circulaire n'est point parfaite : donc cette ligne circulaire n'a pas toutes ses parties. or aucune chose ne luy manque qu'vn point Mathematic : donc le point Mathematic est partie de la ligne circulaire. Ce qui semblablement peut estre dit des autres lignes, comme de la droite longue d'vn pied, car si on oste d'icelle vn seul point Mathematic, elle ne sera plus parfaictement d'vn pied, parce qu'vn point luy defaudra. C'est vne chose absurde de dire que des points Mathematics puissent estre tousiours ostez d'vne ligne, & que pour cela elle ne puisse estre faite plus petite, ou ne puisse estre diminuee : item que des points Mathematics puissent estre tousiours adioustez à la ligne, & que pour cela elle ne puisse estre faite plus grande, ou qu'elle ne puisse estre augmentee : parce qu'aucune chose ne peut estre ostée d'vn tout, que ce tout ne soit diminué de cette chose, & aucune chose ne peut estre adioustee à vn tout, que ce tout ne soit augmenté de cette chose.

La septiesme. Toutes choses, en lesquelles la ligne peut estre diuisee, sont parties de la ligne : or les points Mathematics sont choses, en lesquelles la ligne peut estre diuisee : car pour exemple la ligne d'vn pied peut estre diuisee en deux termes, & la ligne du milieu. Dauantage le Tout-puissant peut diuiser toute cette ligne en des points Mathematics.

La huictiesme. Ce qui est non corps n'est point inherant à vn corps composé, parce qu'estre inherant à vn corps composé est le toucher par ses extremitez, car l'inhesion est l'vnion de l'accident à son subject par ses extremitez : or ce qui est non corps n'a point d'extremitez : donc il n'est point inherant : or le point Mathematic est inherant à vn corps composé, asçauoir à son subject, car c'est vn accident inherant à vn subject. Donc le point Mathematic n'est point non corps : donc il est corps, & puis qu'il est terminé, il est composé.

La neufiesme. S'il y auoit quelque point Mathematic simple ce seroit le centre de la terre, ou d'vn autre Sphere ou d'vn cercle : or le centre de la terre n'est point simple : donc aucun point Mathematic n'est simple. Ie prouue la mineure : ce qui a des costez n'est point simple, car les costez sont des parties : or le cẽtre de la terre à des costez, car il est touché à tous ses costez par des lignes infinies ou innombrables, parce qu'elles sont vnies à iceluy par ses extremitez : donc le centre de la terre n'est pas simple, mais composé de parties.

La dixiesme, ie suppose que le globe exactement rond soit sur vn plat exactement plat, & qu'il le touche à vn point Mathematic : ie prouue que ce point du globe est composé. Ce qui est plus bas que toutes les autres parties du globe est espais & composé : or ce point du globe touchant le plat est plus bas que toutes les autres parties du globe, parce qu'il touche le plat, lequel n'est touché par aucune autre partie du globe : donc ce point du globe touchant ce plat est espais & composé : donc il est corps composé. La mesme raison est de la ligne & de la superficie, car par cette raison on peut prouuer que la ligne & la superficie sont quelque peu espaisses.

L'onziesme. Prenons pour exemple vn quarré, lequel à quatre angles, & quatre lignes conjointes par quatre points aux angles, il est certain que ces quatre points sont plus auancez hors du quarré, & sont plus distans du centre du quarré, que toutes les autres parties d'icelui quarré : d'où i'argumente ainsi. Ce qui auance plus hors du quarré & est plus distant du centre du quarré, que toutes les autres parties d'iceluy quarré, est corps composé, parce que c'est quelque petite quantité : or ces quatre points des angles du quarré sont plus auancez hors du quarré, & plus distans du centre du quarré, que toutes les autres parties d'iceluy quarré : donc ces quatre points des angles du quarré sont corps composez. Il y a pareille raison de la superficie du globe, laquelle est plus distante du centre de ce globe, que toutes les autres parties de ce globe.

La douziesme. Ce qui est terminé & vn peu large est composé : or le point est terminé & vn peu large, car il est aussi large que la ligne Mathematique : or la ligne Mathematique est vn peu large : car ce qui est composé de costez de largeur est vn peu large : or la ligne Mathematique est composee de costez de largeur : pour exemple, la ligne circulaire est composee de deux costez de largeur, asçauoir de concauité & de conuexité, car elle est vrayement concaue & conuexe, & la concauité est partie de la ligne circulaire, car c'est vne chose terminee de la ligne circulaire vnie à l'autre chose terminee d'icelle, c'est à dire la concauité est vnie à la conuexité, car la concauité n'est pas la conuexité, & du costé qu'elle est concaue elle n'est pas conuexe, c'est pourquoy vn autre ligne peut toucher la conuexité, & ne toucher point la concauité de cette ligne circulaire : donc la concauité & la conuexité sont parties & costez de la ligne circulaire. Par de semblables raisons le semblable peut estre demonstré des autres lignes Mathematiques : donc la ligne Mathematique est quelque peu large : donc le point Mathematic est vn peu large, & composé de parties composees a l'infini : donc il est corps composé.

La treiziesme. Ce qui est vn moyen d'vnion entre deux lignes separees & distantes est composé : or le point Mathematic est vn moyen d'vnion entre deux lignes separees & distantes, car pour exemple, au milieu de la ligne d'vn pied est vn point, qui est le moyen par lequel ces deux lignes sont vnies, si ce point estoit osté ces deux lignes seroient separees & distantes, & si ce point estoit remis au milieu elles seroient vnies par le moyen de ce point qui rempliroit & occuperoit cet espace du milieu. Ie di plus, si ce point estoit osté, quelque chose succederoit en son lieu ou espace, autrement il seroit vuide, ce qui est absurd : or cette chose qui succederoit au lieu du point seroit vn petit corps composé, car il ne pourroit estre d'autre nature : donc le point Mathematic est aussi vn petit corps composé.

La quatorziesme. Ce qui est non quantité, n'est point plus petit qu'vn grand corps mesurable : or le point Mathematic eſt plus petit qu'vn grand corps meſurable : donc aucun point Mathematic n'eſt non quantité : donc il eſt quantité. Ou, ce qui eſt non long n'eſt point plus court que la ligne meſurable : or le point Mathematic eſt plus court que la ligne meſurable : donc le point Mathematic n'eſt point non long : donc il eſt long : car il n'y a point de milieu entre quantité & non quantité, entre long & non long.

La quinzieſme. Ce qui eſt non quantité ne peut eſtre compris : or le point Mathematic peut eſtre compris : donc le point Mathematic n'eſt point non quantité. La raiſon de la maieure eſt, parce que tout ce que nous comprenons nous le comprenons à la mode d'vne grandeur terminee, parce que nous ſommes terminez.

La ſeizieſme. Ce qui eſt non quantité n'eſt point egal à quelque choſe : or quelque point Mathematic eſt égal à quelque choſe, aſçauoir à vn autre point, qui n'eſt ni plus grand, ni plus petit que luy : donc le point Mathematic n'eſt point non quantité : donc il eſt quantité.

La derniere. Toute choſe qui n'eſt veritablement ſimple eſt compoſee : or le point Mathematic n'eſt point vne choſe veritablement ſimple : parce qu'elle eſt vnique, aſçauoir verité, bonté non terminee : donc le point Mathematic n'eſt point vne choſe veritablement ſimple, donc il eſt compoſé de parties compoſees de parties compoſees à l'infini, donc c'eſt vn petit corps compoſé.

Ie pourrois apporter icy d'autres raiſons pour prouuer cette aſſertion, mais celles ci (à mon aduis) ſuffiront : c'eſt pourquoy ie paſſe à vne obiection, qui femble destruire cette verité.

La principale raison, Messieurs, qui vous a induit, comme ie pense, à dire que le point Mathematic est simple ou non composé, est celle ci : Si vn corps exactement rond touche vn plat exactement plat, vous estimez qu'ils se touchent à des points non composez, parce que vous dites, si ce point du corps rond estoit composé il seroit rond, parce que nous auons supposé qu'il fust d'vn corps exactement rond exterieurement: Si aussi l'autre point du plat estoit composé, il seroit plat, parce que nous auons supposé qu'il fust d'vn corps exactement plat exterieurement. or c'est vne chose absurde que ce point de ce corps rond soit rond, & que ce point de ce corps plat soit plat, parce que le rond & le plat pourroient estre appliquez & vnis l'vn à l'autre, ce qui est absurd : car aucune figure ronde ne peut estre vnie & appliquee à la figure plate, parce qu'elles sont dissemblables quant à la situation des parties. Il reste donc que le rond & le plat se touchent mutuellement à des points non composez. Cette est la difficulté (doctes personnages) par laquelle vous auez esté surmontez. A laquelle ie respons, premierement en concedant la maieure, asçauoir que ce point du corps exactement rond est rond exterieurement, & que ce point du corps exactement plat est exterieurement plat, lesquels deux points sont vnis, & appliquez l'vn à l'autre. Secondement, en niant la mineure, car le corps exactement rond, & le corps exactement plat peuuent estre vnis & appliquez, mais a vne petite partie non mesurable par nous, non rationelle, & non dicible ; ou la figure ronde non mesurable par nous, peut estre vnie & appliquee à la figure plate non mesurable ; parce que nous ne pouuons dire certainement sçauoir combien est grande l'vne & l'autre parcelle, c'est à dire combien longue, combien large, & combien espaisse, & quantiesme elle est de toutes les autres parties du corps, duquel elle est partie : combien que nous sçachions certainement que ces deux petites parties soient deux petites quantitez terminees, ou deux petits corps composez : & ainsi les figures non mesurables dissemblables quant à la situation exterieure des parties, peuuent estre appliquees; par consequent toutes les figures qui peuuent estre appliquees ne sont pas semblables quant à la situation exterieure des parties.

Au reste il faut noter que la ligne mesurable est composee de lignes, & ces lignes de points infinis ou innombrables en lesquels elle peut estre diuisee : Le point parfait est de figure ronde, car c'est vne Sphere si petite que nous ne la pouuons mesurer par quelque raison que ce soit, ce point contient en puissance toutes les figures, asçauoir les triangulaires, quadrangulaires & autres, & à vn centre, circonference, & diametre, lesquels beaucoup moins nous ne pouuons mesurer, ce neantmoins ce point peut estre diuisé à l'infini, comme aussi toute autre parcelle du corps par le Tout-puissant. Puis donc que ce point est vn petit globe, il s'ensuit qu'il contient en puissance vingt-quatre angles droits, comme le grand globe, lequel peut bien estre appellé vn grand point. Le petit point est comme la semence de tous les autres corps terminez, car s'il croissoit de toutes parts il deuiendroit vn grand globe. Donc le point est quelque peu long, large, & espais, la ligne est quelque peu large & espaisse, & la superficie quelque peu espaisse. Reste maintenant à definir que c'est que point, ligne, superficie, solide, & corps Mathematic.

Point Mathematic est ou parfaict, ou imparfaict. Le point parfaict est vn terme Spheric non mesurable, comme cettui-la qui est au milieu du globe.

Le point Mathematic imparfaict est vn terme imparfaictement Spheric non mesurable terminant la ligne.

La ligne qui ne peut estre distinguée par la veuë, est vne longueur mesurable ou non mesurable, sans largeur & profondeur mesurables, terminant la superficie.

La ligne Mathematique est vne longueur mesurable, sans largeur & profondeur mesurables, terminant la superficie.

Superficie est longueur & largeur mesurables, ou non mesurables, sans profondeur mesurables, laquelle termine le solide.

La superficie Mathematique, est vne longueur & largeur mesurables sans profondeur mesurable, laquelle termine le corps Mathematic.

Solide est vne longueur, largeur, & profondeur mesurables ou non mesurables: car le point Mathematic est solide, mais il n'est pas corps Mathematic.

Corps Mathematic est vne longueur, largeur, & profondeur mesurables.

LA QVANTITE' MESVRABLE est corps composé.

CHAPITRE VII.

OMBIEN que le nombre nombré soit quantité terminee, toutesfois ie ne diray point particulierement d'iceluy, parce que ce n'est autre chose que la chose nombree : or en prouuant que toute chose terminee est corps composé, consequemment ie traitte d'iceluy, combien que ce soit sous vne autre façon de parler.

Apres que le noble Philosophe aura leu & entendu ce que i'ay dit du point, il concedera que le point Mathematic est partie de la ligne Mathematique, & que la ligne Mathematique est partie de la superficie Mathematique, & que la superficie Mathematique est partie du corps Mathematic, mais non pas du corps Physic, car il desirera des raisons de moy, par lesquelles ie descouure la fallace de cette distinction. Afin donc que ie satisface à son desir & au mien, ie di que presque tous les Philosophes Scholastiques disẽt qu'il y a deux sortes de corps, vne Physique, & l'autre Mathematique. Ils disent que le Physic est vne substance finie, & composee de matiere & de forme interne, selon que la forme est prinse pour le principe interne de mutation d'vn corps, & qu'il est le subject auquel le corps Mathematic est inherant. Mais ils disent que le Mathematic, qu'ils appellent aussi solide, est les trois dimensions, asçauoir longueur, largeur, & profondeur, ou grandeur ou quantité diuisible en trois façons, & que c'est vn accident inherant au corps Physic.

Deuant que ie demonstre que cette distinction est fausse, il faut noter quatre choses. La premiere note. Tout corps Mathematic est solide, mais tout solide n'est pas corps Mathematic à proprement parler, parce que le corps Mathematic est vn solide, qui peut estre mesuré à trois dimensions par le Mathematicien. Mais le point Mathematic est vn solide, lequel pourtant ne peut estre mesuré à aucune dimension par le Mathematicien.

La seconde note. Grandeur & grand sont prins en deux façons, ou pour toute quantité soit grande, soit petite, soit mesurable, soit non mesurable : ou seulement pour la quantité qui est opposee à la petitesse, c'est à dire pour la quantité qui est plus grande qu'vne autre ; au premier sens ie di qu'vn point Mathematic est quelque grandeur ou quantité au second sens, ie di qu'vn point Mathematic n'est pas grand, ni grandeur au respect de toute la terre, mais petit.

La troisiesme note. Tout corps Physic, qui est vne substance finie corporelle, n'est point composé de forme interne, selon que la forme est le principe interne de mutation d'vn corps, car les seuls corps animez ont ce principe, comme la beste, mais ceux qui ne sont pas animez n'ont pas ce principe au moins actuellement, parce que seulement ils sont meus par le dehors ordinairement, comme la pierre : donc toute substance finie corporelle n'est point composee de forme ainsi entenduë.

La quatriesme note. A cause que la substance finie corporelle est prinse icy pour le subject de l'accident: c'est pourquoy afin que la dispute soit plus claire, il faut dire que c'est que le subject de l'accident, & que c'est qu'accident. Le subject de l'accident est la partie principale ou plus grande du tout composé, à laquelle partie l'accident est vni ou inherant par ses extremitez. Mais l'accident est la partie moins principale, ou plus petite du tout composé, laquelle est vnie ou inherante à la partie principale ou plus grande par ses extremitez : Pour exemple, le corps dense du Soleil est le subject de son rayon, & le rayon du Soleil est vn accident du corps dense d'iceluy : ainsi la figure externe de quelque corps terminé que ce soit est l'accident de la partie interne d'iceluy: toutesfois nous auons accoustumé d'appeller accident, quelque petite chose qui est venuë d'ailleurs à vn plus grand corps terminé, auquel elle est vnie. Comme la chaleur de l'eau produite par le feu en l'eau est dicte accident de l'eau. Desquelles choses il s'ensuit que tout corps terminé est composé de subject & d'accident, parce que tout corps terminé est figuré; or toute figure externe d'vn corps est accident de la partie interne maieure d'iceluy, & non seulement toute la figure externe d'vn corps peut estre appellee accident, mais aussi vn petit point de cette figure, ou vn autre point qu'on imaginera au dedans, ou au dehors du corps, sera vn accident de l'autre partie maieure : & ainsi tout corps terminé peut estre veritablement distingué en subject & accident, comme l'extremité d'vn rayon est l'accident de la partie maieure d'iceluy, à laquelle cette extremité est inherante ou vnie; ainsi le point peut estre distingué en subject & accident, car l'accident sera son centre, duquel le subject sera son autre partie maieure. Donc la substance finie corporelle en la distinction de corps en Physic & Mathematic est prinse pour le subject d'vn accident, & est opposee à l'accident, non pas toutesfois à tout accident, car cette substance est encore composee de subject & d'accident, & tout accident peut estre veritablement distingué en subject & accident, c'est à dire en partie maieure, & mineure, & ainsi à l'infini, parce que toute partie est terminee ou composee de parties. De ces choses il est manifeste, comment il faut entendre que tout accident peut estre present ou absent de son subject, sans qu'iceluy soit destruit, parce que c'est autre chose que son subject : c'est pourquoy il peut estre separé de son subject, & derechef lui estre reuni, & ainsi tout accident tant qu'il est accident est inherant à quelque subject, parce qu'il luy est vni par ses extremitez, & quand il est separé de son subject auquel il estoit premierement, il n'est plus accident d'icelui, mais il est ou accident d'vn autre subject, ou il est subject ou accident tout ensemble; cela est manifeste quand vne partie de l'odeur est separee de l'ambre gris, & est inherante à du coton, lors elle n'est plus accident de cet ambre gris, ains du coton, duquel elle peut estre separee & exhalee en l'air, & ce subject duquel vn accident est separé, n'est pas lors subject de cet accident, ce neantmoins il peut estre distingué veritablement en subject & accident : d'où il s'ensuit qu'il y a point Mathematic de subject, aussi bien que de l'accident.

La premiere raison contre cette distinctiõ de corps en Mathematic & Physic, c'est à dire naturel, est.

Toute

Toute la quantité de quelque corps que ce soit, est tout ce corps; & toute la qualité de quelque corps que ce soit, est tout ce corps; & toute la quantité de quelque corps que ce soit est toute la qualité du mesme corps; c'est à dire, tout le corps, & toute la quantité, & toute la qualité du mesme corps, sont vne mesme chose; pour exemple, toute la quantité de cette pierre est toute cette pierre, & toute la qualité de cette pierre est toute icelle pierre, & toute la quantité de cette pierre est toute la qualité de la mesme pierre. Item, vne partie de la quantité est partie du corps terminé, & vne partie de la qualité est partie de la quantité terminee; pour exemple, toute la grandeur d'vne pierre est toute la pierre, donc vne partie de la grandeur de la pierre est vne partie de la pierre, or la grandeur est quantité, & la pierre est corps naturel terminé: Item toute la couleur de la pierre est toute la pierre, donc vne partie de la couleur de la pierre est vne partie de la pierre, & de la grandeur d'icelle: ainsi toute la grandeur de l'eau est toute l'eau, & toute l'humidité de l'eau est toute l'eau: or l'eau est vn corps Physic, ou naturel terminé, & est corps Mathematic, puis qu'elle peut estre mesuree par le Mathematicien, (i'entens vne eau mesurable) & l'humidité est vne qualité: Il est donc faux qu'vn corps Mathematic ne soit pas corps Physic terminé, car tout corps Mathematic est vn corps naturel terminé que le Mathematicien peut mesurer selon sa science, tellement que ce faisant il mesure l'accident & le subject, asçauoir la figure externe, & le corps interne, puis qu'il mesure toute la longueur, largeur, & espaisseur du corps Mathematic, qui est aussi tout le corps Physic terminé, doc la figure externe est vne partie de ce corps Physic.

Que tout le corps & toute la quantité, & toute la qualité du mesme corps soient vne mesme chose, ie le prouue par des exemples manifestes, la lumiere du Soleil est qualité, quantité, & corps composé; que la lumiere soit vne qualité terminee tous le confessent; qu'elle soit vne quantité terminee il est euident, veu que c'est vne longueur terminee; que ce soit vn corps composé il est notoire, veu que c'est vne chose terminee, donc composee de parties composees à l'infini: ainsi la vertu attractiue de l'aimant est qualité, quantité, & corps composé: ainsi la chaleur du feu est qualité, quantité, & corps composé, cõme il a esté prouué cy deuant: donc tout le corps, & toute la quantité & toute la qualité du mesme corps sont vne mesme chose. Il ne faut donc point que personne trouue estrange ce que i'ay dit, que toute la couleur de la pierre est toute la pierre, car si tout le corps est coloré, toute la couleur du corps est tout iceluy corps, si tout le corps est diaphane ou transparent, toute la transparence du corps est tout le corps transparent, comme toute la rareté de l'air est tout l'air, si tout vn papier est blanc, toute la blancheur du papier est tout le papier, si tout vn corps est versicoloré ou bigarré, toutes ces couleurs diuerses sont tout ce corps. Si quelqu'vn me demande si ces couleurs ne peuuent pas estre changees sans que le corps soit changé, ie respondrai que non, car si toute la couleur est changee tout le corps sera changé, si seulement vne partie de la couleur est changee, seulement vne partie du corps sera changee. Ce neantmoins on enseigne aux escholes que toute la couleur d'vne pierre n'est ni toute la pierre, ni partie d'icelle, parce que disent-ils toute la couleur est vn accident, & la pierre est vn corps:

or aucun accident n'est ni corps ni partie d'aucun corps. A quoy ie respons que toute la couleur de la pierre n'est pas vn accident d'icelle, ains toute icelle pierre, & nie que aucun accident ne soit partie d'aucũ corps, car tout accident est partie de quelque corps composé, par consequent corps composé, car toute partie de corps est corps composé. Pareillement on enseigne aux escholes que toute la grandeur de la pierre n'est pas toute la pierre, ni partie d'icelle, parce que, dit-on, la grandeur de la pierre est vn accident d'icelle, & que la pierre est vn corps composé, or, disent ils, aucun accident n'est partie d'aucun corps ; ce qui est manifestement faux de ce qui a esté dit cy dessus. Voicy, à mon aduis, ce qui a trompé Messieurs les Philosophes, c'est qu'il y a des corps terminez, subtils, & actifs, comme les rayons du corps dense du Soleil, de la Lune, & de l'aimant, lesquels ils n'ont pas voulu appeller corps, ains qualitez, vertus & rayons, pour dire qu'ils different d'auec les corps denses, desquels ils emanent. I'aduouë que ces choses subtiles sont qualitez, vertus, & rayons, & qu'elles different d'auec leurs corps denses, par cela mesme qu'elles sont rares, ce neantmoins elles sont des corps terminez rares, qui emanent d'autres corps denses, car la definition de corps terminé leur conuient. Mais pour monstrer qu'eux mesmes disent que quelque qualité est quantité, c'est qu'ils aduoüent que la figure ou forme externe des corps est vne qualité : or cette forme est vne superficie, & toute superficie est quantité, donc selon eux mesmes quelque quantité est qualité. Il faut donc distinguer les choses autrement qu'on ne les a pas distinguees, asçauoir, l'estre non corporel n'est pas le corps simple, le simple n'est pas le composé, le corps moins composé n'est pas le plus composé, vn tout n'est pas vn autre tout, vne partie n'est pas vne autre partie : vn tout actif n'est pas vn autre tout actif ou passif ; vne partie actiue n'est pas vne autre partie actiue ou passiue ; vne qualité ou quantité actiue ou passiue n'est pas vne autre qualité ou quãtité actiue ou passiue, vne espece n'est pas vne autre espece ; vn corps homogene n'est point vn heterogene. Maintenant il est facile de comprendre comment il faut distinguer les choses des categories, car toute substance qui est le subject d'vn accident n'est pas son accident, & l'accident n'est pas son subject, car tout composé est composé de subject & d'accident, donc le subject & l'accident sont parties du composé, or vne partie n'est pas l'autre. Item vn accident d'vn subject n'est pas vn autre accident du mesme subject ou d'vn autre : toutesfois toute quantité n'est pas diuerse de toute qualité, parce que tout corps n'est pas chose diuerse de tout corps, mais cette quantité n'est pas cette qualité là, parce que cette quantité icy n'est pas cette quantité la, & que cette partie n'est pas celle-là, ce corps ici n'est pas ce corps là, pour exemple Pierre n'est pas Iaques, mais tout Pierre est toute la quantidu mesme Pierre, & tout Pierre est toute la qualité du mesme Pierre, & toute la quantité de Pierre est toute la qualité du mesme Pierre, mais la figure externe de Pierre n'est pas sa partie interne, vne partie de cette figure n'est pas vne autre partie de la mesme figure, ses parties nobles ne sont pas ses parties ignobles, vne de ses fibres n'est pas vn autre fibre. Ce neantmoins quelque chose finie est subject & accident pour diuers respect, comme la superficie externe de la paroi est vn accident de la plus grosse partie d'icelle, mais cette ſuperficie eſt le ſubject de l'image viſible qui emane d'elle. Ainſi le rayon direct du Soleil eſt vn accident du corps denſe d'icelui, & ce rayō eſt le ſubject de la lumiere qui emane d'iceluy. Toutesfois cela n'empeſche pas que tout ſubject & tout accident ne ſoient pas corps compoſez, parce qu'ils ſont terminez. Deſdites choſes il eſt facile de colliger generalement ce qui eſt vrai, aſçauoir que toute la quantité de quelque corps que ce ſoit n'eſt pas accident d'iceluy, parce que c'eſt tout iceluy corps, & que toute la qualité de quelque corps que ce ſoit n'eſt pas accident d'icelui, parce qu'elle eſt tout icelui corps: or aucune choſe n'eſt accident à ſoi meſme, aucun tout n'eſt inherant ou vni à ſoy meſme, ou aucune choſe n'eſt vnie à ſoi meſme, mais vne choſe eſt vnie à l'autre, vne partie à l'autre partie.

La ſeconde raiſon. Tout ce qui eſt long, large & profond eſt ſolide : or toute ſubſtance finie corporelle eſt longue, large & profonde : donc toute ſubſtance finie corporelle eſt ſolide : (il ne ſeroit point de beſoin d'adiouſter *corporelle*, parce que toute choſe finie eſt corps compoſé, mais ie l'adjouſte pour ceux qui ne le ſcauent pas encore.) Combien que la ſubſtance finie corporelle prinſe pour le ſubject d'vn accident ſignifie relation à vn accident, & que le ſolide ne ſignifie pas cette relation, comme ni auſſi le corps, toutesfois tout ſolide terminé a de vrais termes ou extremitez, & ſuperficie, donc il a de vrayes parties diuerſes, & eſt long, large, & eſpais : c'eſt à dire, il eſt eſtendu ſelon toutes les differences de ſituatiō, & peut eſtre diuiſé ſelon ſa longueur, largeur, & eſpaiſſeur, par conſequēt il occupe lieu, & eſt compoſé de points non meſurables, & eſt meu ou peut eſtre meu en tēps successiuement d'vn lieu à vn autre : or toutes ces choses peuuent estre veritablement attribuees à la substance finie corporelle, comme il est assez manifeste: donc la substance finie corporelle est vn solide fini. Les aduersaires respondent à cela, que la substance finie corporelle est longue, large, & profonde, non de soi & par soi, mais par la quantité. Mais contre, cette substance est-elle mesme terminee, donc elle mesme est longue, large, & profonde; Ie sçai bien qu'elle est terminee par quelque cause efficiente qui n'est pas partie d'elle, ce neantmoins ses extremitez sont parties d'icelle, & ne sert de distinguer l'essence du corps d'auec le corps, car toute l'essence terminee du corps est tout le corps terminé, & non autre chose : c'est pourquoy toute l'essence de l'accident est tout l'accident, & non autre chose.

La troisiesme raison. Tout ce qui ne peut estre veritablement consideré sans quantité & qualité est quantité & qualité : or tout corps ne peut estre veritablement consideré sans quantité & qualité : donc tout corps est quãtité & qualité : I'entens du mesme corps: pour exemple de toute cette pierre, & de toute la quãtité, & de toute la qualité de la mesme pierre. La maieure de ce syllogisme est vraye, car de toutes les choses diuerses vne peut estre consideree sans l'autre, parce que vne n'est pas l'autre. La mineure est aussi claire de ce qui a esté dit cy deuant, car aucun corps ne peut estre veritablement consideré non long, non large, non espais : ni rare, ni dense à aucun respect, & s'il est terminé il ne peut estre veritablement consideré non figuré.

La quatriesme raison. Toutes choses diuerses finies vnies, peuuent estre separees les vnes des autres, car comme toutes choses finies separees peuuent estre vnies les vnes aux autres: ainsi toutes choses finies vnies peuuent estre separees les vnes des autres, car la puissance absoluë n'est aucunement limitee, c'est pourquoy elle peut faire tout ce qui n'est pas faict de toutes les choses terminees, car quand nous disons que le Tout-puissant ne peut faire quelque chose, nous parlons improprement: or tout le corps, toute la quantité, & toute la qualité du mesme corps ne peuuent estre separez les vns des autres, non pas que le Tout-puissant soit impuissant, mais parce que tout le corps, toute la quantité, & toute la qualité du mesme corps ne sont pas choses diuerses finiés vnies, ains vne mesme chose: ainsi disons nous qu'vne chose ne peut estre separee de soi-mesme, ains plusieurs choses terminees vnies les vnes aux autres, peuuent estre separees les vnes des autres. Ie prouue la mineure. Si tout le corps pouuoit estre separé de toute la quantité & de toute la qualité du mesme corps, vn corps pourroit estre nõ long, non large, non profond: c'est à dire le corps pourroit estre non corps, & il pourroit estre ni rare, ni dense, (car la rareté & densité sont qualitez) ni exterieurement figuré, & sans aucun point non mesurable, combien qu'il fust terminé. Item toute la quantité pourroit estre ni rare, ni dense, ni figuree exterieurement, & sans aucun point non mesurable, combien qu'elle fust terminee, car le point inherant a vne autre chose plus grande est accident d'icelle. Item toute la qualité pourroit estre non longue, non large, non profonde, & la partie principale & maieure d'icelle pourroit estre sans aucun point inherant a icelle, par consequent elle pourroit estre sans superficie exterieure, & sans aucun point non mesurable: or le posterieur est faux ; comme il est assez notoire, car toute partie du composé, qui est separee ou peut estre separee d'iceluy est corps composé, comme il a esté prouué ci deuant : donc aussi le second est faux.

La cinquiesme raison. Toute chose composee, de laquelle le principe interne est corps composé, est corps composé : or la quantité mesurable est vne chose composee, de laquelle le principe interne est corps composé : donc la quantité mesurable est corps composé. Par le principe interne de la chose composee, i'entens vne petite chose terminee par laquelle les autres choses terminees ont commencé d'estre ce qu'elles sont, qui est le point : car le point est le principe interne & comme la semence de toutes les autres choses terminees : or le point est corps composé, comme il a esté prouué ci deuant, car il est le premier terme terminé de la quantité mesurable.

La sixiesme raison. Quand nous disons tout corps est quantité ou grandeur, c'est mesme chose, que quād nous disons tout corps est corps, parce que toute quātité est grandeur, & grandeur n'est autre chose que corps, car si c'est autre chose que le corps, cette proposition, corps est grandeur, est fausse & impropre, parce que le corps n'est autre chose que le corps : or cette proposition est vraye & propre, parce que par icelle le corps est dit, ce qu'il est. D'où i'argumente ainsi, toute grandeur est corps, or toute quantité est grandeur, comme la superficie est grandeur terminee, la ligne est grandeur terminee, le point est grandeur terminee : donc toute quantité est corps.

De toutes ces choses il s'ensuit que le corps, la quantité, la grandeur, l'estenduë, & la qualité sont mesme chose, car corps est vne chose longue, large, & pro-

profonde : or cette definition conuient à la quantité, à la grandeur, à l'estenduë, & à la qualité, comme il a esté prouué ci deuant.

La distinction que ie fais entre corps Mathematic & Physic, est, que le corps Mathematic est celui qui peut estre mesuré par vn Mathematicien, comme le corps dense du Soleil, de la Lune, & de la terre, car le Mathematiciẽ peut mesurer ces corps. Le corps Physic ov naturel est tout corps, ou toute chose longue, large, & profonde, soit qu'elle puisse estre mesuree par le Mathematicien, ou non : car mesme le corps que nons appellons artificiel, parce qu'il a vne figure faicte ou disposee par vn artisan, est en quelque façon naturel, comme vne table de bois, parce qu'elle est faite de matiere naturelle, asçauoir d'vn arbre. Mais à parler proprement le corps vrayement naturel est le premier corps de tous.

Que tout accident soit corps, il peut encore estre prouué par des raisons qui n'ont pas esté dictes. La premiere, tout ce qui est corporel est corps, car corporel est la difference essentielle du corps : or tout accident est corporel, car il n'est point non corporel : donc tout accident est corps, & puis qu'il est terminé, il est corps composé.

La seconde. Tout ce qui est composé de matiere est corps composé : or tout accident est composé de matiere : donc tout accident est corps composé. La maieure est notoire. La mineure est ainsi declaree, tout accident est composé de parties, veu qu'il est terminé, car il n'est point simple & non materiel : dõc tout accident est materiel, ou est composé de matiere.

La troisiesme. Tout ce qui est qualifié est corps composé : or toute qualité est qualifiee : donc toute qualité est corps composé. Ainsi on peut dire plus spécialement. Tout ce qui est blanc est corps composé : or toute blancheur est blanche : donc toute blancheur est corps composé : Item tout ce qui est chaud est corps composé : or toute chaleur est chaude, car elle mesme est telle : donc toute chaleur est corps composé. Ainsi on peut dire de la froideur & d'autres. De toutes ces choses il est manifeste que tout accident est corps composé.

TOVTE MATIERE TERMINEE, & forme est corps composé.

Chapitre VIII.

PRESQVE tous les Philosophes Aristoteliciens disent qu'il y a deux sortes de matiere, vne premiere & l'autre seconde : quelques vns distinguent aussi la forme interne en premiere & seconde. Les autres ne la distinguent pas ainsi, parce qu'ils ne sçauent ou est la premiere forme, mais presque tous disent que la forme est ou ame ou non ame : & disent que l'ame est ou humaine, ou sensitiue, ou vegetatiue. Ils appellent la forme interne, qui n'est point ame, pure nature, & disent qu'elle est partie essentielle de quelque corps que ce soit, comme de l'air, & de la terre : toutesfois ils appellent la matiere premiere, & toute forme interne d'vn mot commun nature, laquelle ils definissent principe interne & substantiel des changemens & operations naturelles, & disent que la matiere est vn principe passif, & que la forme est l'actif. Item, ils disent que tout corps est composé de matiere premiere & de forme specifique : car ils disent que de tous corps il y a deux parties essentielles non quantitatiues, asçauoir la matiere premiere & la forme ; & que toute matiere premiere, ou toutes les parties de la matiere premiere sont de mesme espece specifique : mais si les corps sont de diuerse espece, leurs formes sont de diuerse espece : pour exemple, ils disent que les quatre elemens, la terre, l'eau, l'air & le feu, sont composez immediatement de deux principes non quantitatifs, asçauoir de matiere premiere & de forme, car ils disent que ces elemens ont des formes de diuerse espece, & leurs matieres de mesme espece. Itẽ ils disent que tous les corps peuuent estre resous en matiere premiere, combien qu'elle ne subsiste iamais separee de toute forme, & que les quatre elemens sons resous tous les iours en matiere premiere, quand, à ce qu'ils disent, ils sont transmuez les vns aux autres: car ils disent que les elemens symbolizans sont transmuez immediatement & ordinairement les vns aux autres, & que ceux qui ne symbolizent point sont bien transmuez les vns aux autres ordinairement, mais mediatement seulement. Or ils disent que les elemens symbolizans sont ceux là qui sont semblables en vne premiere qualité comme en vn symbole : asçauoir; ils disent que le feu est chaud au souuerain degré, & sec en vn degré moindre : que l'air est humide au souuerain degré, & chaud à vn moindre : que l'eau est froide au souuerain degré, & humide à vn moindre : que la terre est seche au souuerain degré, & froide à vn moindre : & que toutes les qualitez qu'on apperçoit aux corps mistes, doiuent estre attribuees à quelqu'vn de ces elemens, comme si quelque miste est fort humide, c'est parce qu'il participe fort de l'air, s'il est fort froid, c'est parce qu'il participe fort de l'eau, & ainsi des autres. Quelques vns disent que la seule matiere premiere demeure en le corps engendré, laquelle a esté en le corrompu : les autres disent que la matiere premiere & la quantité demeurent en l'engendré, laquelle a esté en le corrompu, & qu'en vn moment non composé de temps vne forme sort hors d'vne partie de la matiere, & qu'en le mesme momēt vn autre forme est introduite en la mesme partie de la matiere. Item, quelques vns disent que toutes les formes, excepté l'humaine, sons tirees de la matiere en la generation, & qu'elles perissent en la corruption, & qu'elles retournent à la puissance & au sein de la matiere, & que les formes seules ne sont pas meuës d'vne matiere à l'autre, ains seulement que le corps est meu, car ils disent que la plante engendre bien l'ame de la plante, & la beste, l'ame de la beste : mais que l'homme n'engendre pas l'ame de l'homme, ains que Dieu la faict immediatement de rien dans l'embryon, & qu'en cela la beste a plus de pouuoir que l'homme qui ne peut engendrer vne ame semblable à la sienne : que l'hōme raisonne bien, mais qu'aucune de beste ne raisonne point, combien que le contraire nous semble en plusieurs cōme au chiē, au singe, & au cheual. Les autres disent que les formes sōt introduites par l'agent dans la matiere, & qu'elles sont chassees de la matiere, tellement que la generation soit l'introduction de la forme en la matiere, & la corruption soit l'expulsion de la forme hors de la matiere. Item quelques vns disent que toute la quantité du corps emane de la matiere, & que toutes les qualitez emanent de la forme : les autres disent que toute la quantité & qualité emanent de la matiere & de la forme ensemblement. Item presque tous disent que la matiere premiere est vn principe simple & tres-imparfaict, & qu'elle n'est point quantité ni corps, que toutesfois elle est composee de plusieurs parties, & qu'elle est estenduë & vrayement terminee. Et que toute forme est vn principe simple, qui n'est point quantité ni corps, & neantmoins que toutes les formes, excepté l'humaine, sont estenduës en la matiere, & que toutes sont vrayement terminees, & que la matiere premiere & la forme vnies sont vn corps. Finalement tous confessent que la matiere seconde est corps : pour exemple, les quatre elemens sont la matiere seconde de laquelle les mistes sont composez, mais quelques vns disent que les formes des elemens demeurent en le miste, & les autres le nient ; car ils disent qu'elles perissent, & qu'il en vient vn autre, & qu'il n'y a qu'vne forme dans le miste non animé. Voila la doctrine qu'on enseigne aux eschholes.

Ie m'esbahirois fort de voir vne si grande confusion és sciences des Philosophes, & lamenterois, si ie ne sçauois certainement que Dieu regit toutes choses, lequel mettra fin à cette confusion. Ie n'examinerai point ici exactement ce qui est vrai, & ce qui est faux en toutes ces opinions, afin que ie ne sorte hors des termes de l'assertion proposee, mais seulement ie poursuiurai mon dessein en prouuant que toute matiere terminee est corps composé, & que toute forme est corps composé, combien qu'il soit assez manifeste du discours precedent. Car toute matiere terminee est figuree & composee de parties composees à l'infini, donc elle occupe lieu, & est meue ou peut estre meuë successiuement d'vn lieu à vn autre, comme aussi toute forme, car toute forme est terminee, voire toute forme est quelque matiere terminee, veu qu'elle est vn corps composé, soit qu'elle soit externe, soit qu'elle soit interne, car tout corps est matiere, & toute matiere est corps: la forme externe est la figure & superficie externe. la forme interne est vne matiere, ou vn corps composé actif predominant la matiere passiue, en laquelle elle est infuse & estenduë, comme l'ame de l'homme est la forme interne du corps elementaire d'icelui; tellement qu'il y a matiere terminee actiue, & matiere terminee passiue; donc toute matiere terminee est corps composé: ce qu'il faut declarer particulierement par deux raisons.

La premiere, Toute chose terminee longue, large, & profonde est corps composé: or toute matiere terminee est chose terminee longue, large, & profonde: donc toute matiere terminee est corps composé. Ie declare la mineure. Toute matiere terminee a des extremitez de tous costez, & entre son centre & ses extremitez est la partie du milieu: & chasque partie d'icelle est terminee, donc composee de parties composees à l'infini. D'où il s'ensuit premierement, que toute matiere terminee est figuree, car elle a la figure selon la situation de ses termes. Secondement il s'ēsuit, qu'elle occupe & remplit lieu, ou espace auquel elle est. Tiercement il s'ensuit, qu'elle est meuë ou peut estre meuë successiuement d'vn lieu à vn autre: donc toute matiere est corps composé.

La seconde. Toute partie de corps est corps composé: or toute forme interne actiue est partie de corps, & toute matiere passiue est partie de corps, car la forme interne actiue, & la matiere passiue vnie à cette forme, & viuifiee par icelle, sont vn corps composé de forme & de matiere : & ce corps n'est autre chose que cette forme & cette matiere vnies, car l'vnion n'est autre chose que les choses vnies : or les choses vnies si elles sont separees elles ne changent point leur nature generale, comme aussi les choses separees si elles sont vnies elles ne changent point leur nature generale, qui est corps composé, c'est à dire, ce qui est corps composé n'est point fait non corps, & l'estre non corporel n'est point partie de corps, car il est non terminé, & non mobile : donc toute forme & matiere terminee est corps composé.

Peut-estre que quelqu'vn desirera, que ie prouue aussi ici specialement que toutes les relations finies, & autres respects finis, (comme parlent les Logiciens) asçauoir la relation, l'action, la passion, ou, quand, la situation, & l'habit sont des corps composez, afin que ce traitté ne semble imparfaict. A quoy ie di que toutes ces relations ne sont autre chose que les choses que nous disons estre relatees ou rapportees, & que ces respects ne sont autre chose que les choses que nous disons estre respectees, ou regardees, ou comparees, ou considerees : Pour exemple la paternité n'est autre chose que le pere qui a engendré : la filiation n'est autre chose que le fils ou la fille qui ont esté engendrez: la similitude n'est autre chose qu'vne chose qui ressẽble vne autre : la comparaison n'est autre chose que la chose comparee à vne autre. L'vnion n'est autre chose que les choses vnies : la separation n'est autre chose que les choses qu'ō separe ou qui sont separees : L'action n'est autre chose que l'agent ; La passion n'est autre choses que le patient ou la chose qui patit, & en vn mot le mouuement n'est autre chose que la chose meuë par vn autre, car tout mouuement depend d'vn principe non mobile. Par Ou, les Logiciens n'ētendent que la chose qui est en lieu. Par Quand, ils n'entendent que ce qui est signifié par la responce qu'ō doit faire à la question quand ? comme, quand est mort Pierre ? en hyuer. Par la situation on ne doit entendre que la chose situee qui est la disposition des parties, ou les parties situees & disposees de quelque façon que ce soit. Par l'habit les Logiciens n'entendent que le corps, qui est vestu de quelque habit.

La preuue de mon dire, que l'vnion des choses terminees est les mesmes choses terminees vnies & non autre chose, est : premierement, qu'elle n'est pas choses terminees separees, ni la chose non terminee, ni rien : donc &c. & ne faut point trouuer cette façon de parler fausse ni impropre, l'vnion des choses vnies est les choses vnies, car nous parlons ainsi de plusieurs choses, comme l'essence de la chose est la chose, la nature du corps est le corps, le corps de la pierre est la pierre, la longueur de la ligne est la ligne, l'humanité de l'homme est l'homme, l'vnité de la chose est la chose, la diuinité de Dieu est Dieu, & non autre chose, car ces mots ne signifient pas partie. Secondement, si l'vnion estoit autre chose que les choses vnies, elle pourroit estre separee des choses vnies : or si elle estoit separee des choses vnies, ie demande que seroit ce ? on ne le pourroit dire ni imaginer. Pareillement, si le mouuement estoit autre chose que la chose

chose meuë, elle pourroit estre separee de cette chose meuë, & si elle estoit separee d'icelle, que seroit-ce ? on ne le pourroit imaginer.

Or toutes ces relations, ou respects finis que i'entens sont des choses finies ou terminees, veu qu'elles sont quelques choses, & ne sont pas non terminees, ni rien. Or toute chose terminee est corps composé, comme il a esté suffisamment prouué, c'est pourquoy ce seroit vne chose superfluë que d'en dire dauantage: que si en parlant de ces choses vous en parlez improprement & figurément, expliquez vous par des façons de parler propres, & non figurees autant qu'il sera possible, & vous trouuerez la verité, car Dieu a faict l'homme droit, mais iceux ont cerché beaucoup de discours, Eccles. 7. v. 29. c'est à dire que les figures & autres façons de parler impropres sont comme vn voile qui ont couuert la verité.

Il reste maintenant à conclurre generalement ce qui s'ensuit de tout le discours precedent, à sçauoir que TOVTE CHOSE TERMINEE EST CORPS COMPOSE', & par consequent que toute passion est mouuement local.

Puis donc qu'ainsi est, ie vous exhorte de ne distinguer plus faussement ce qui est vne mesme chose, & ne confondre plus les choses distinctes, c'est à dire de ne distinguer plus la quantité d'auec le corps, & ne dire plus que plusieurs choses terminees soient non composees ou simples, si vous voulez parler veritablement. Il faut desormais proceder de la chose simple à la composee, & de la moins composee à la plus composee, c'est à dire selon l'ordre naturel, ou de composition, qui est de la cause à l'effect, & du prieur au posterieur. Mais deuant qu'on puisse bien faire cela

I.

il faut dissoudre deux questions & enigmes qui resultent de cette verité declaree, lesquelles ie vous propose, nobles & francs esprits.

La premiere est, puis que toute chose terminee est corps composé ou terminé, ny a-il point vn corps vrayement simple ou non composé, ou non terminé, c'est à dire, qui soit long, large, & profond sans termes, duquel tous les composez dependent, & par lequel, & en lequel ils subsistent & sont meus.

La seconde. Puis que l'estre non corporel est non corps & non terminé, & que l'ame humaine est corps terminé, ie demande comment est-ce qu'elle luy est semblable?

Si quelqu'vn desire de cette eau, qu'il aille à la fontaine, & il en receura de claire gratuitement.

La verité surmonte tout, c'est chose glorieuse d'estre vaincu par elle.

LOVANGE SOIT A DIEV.

FIN.

www.ingramcontent.com/pod-product-compliance
Lightning Source LLC
LaVergne TN
LVHW020435230826
846091LV00004B/1504